Das Buch

Die Verleihung des Friedenspreises 1997 an den türkischen Schriftsteller Yaşar Kemal rückte die zeitgenössische türkische Literatur ins Blickfeld des deutschen Betrachters.
Der Journalist und Publizist Wolfgang Günter Lerch, ein profunder Kenner der türkischen Literatur, beschreibt in seiner kurzen Geschichte der türkischen Literatur des 20. Jahrhunderts den sozialen und kulturellen Wandel in der Türkei, dessen Entwicklung wesentlich durch Literaten und Intellektuelle reflektiert und beschrieben wurde. Anhand der etablierten literarischen Gattungen (Prosa, Lyrik, Drama) gibt Lerch eine fundierte Übersicht der jeweiligen literarischen Strömungen und skizziert die Autoren-Biographien und ideengeschichtlichen Einflüsse, die die türkische Literaturproduktion bestimmt haben.
Für jeden, der sich kurz, aber umfassend über türkische Literatur- und Kulturgeschichte im 20. Jahrhundert informieren will.

Der Autor

WOLFGANG GÜNTER LERCH, Jahrgang 1946, studierte Germanistik, Philosophie und Islamkunde. Er unternahm zahlreiche Reisen in den Orient und begleitete archäologische Explorationen, vor allem in die Türkei und nach Syrien. Seit 1978 ist er als Redakteur bei der FAZ für den Bereich Nordafrika und Naher Osten zuständig. Zahlreiche Buchveröffentlichungen zum Thema Islam, darunter »Tod in Bagdad oder Leben und Sterben des al-Halladsch« (Historischer Roman, 1997) »Muhammads Erben« (1999) und »Denker des Propheten. Die Philosophie des Islam« (2000).

Wolfgang Günter Lerch

Die Laute Osmans

Türkische Literatur im 20. Jahrhundert

Der Allitera Verlag ist ein Books on Demand-Verlag der
Buch & medi@ GmbH, München. Dieser Verlag publiziert ausschließlich
Books on Demand in Zusammenarbeit mit der Books on Demand GmbH,
Norderstedt, und dem Hamburger Buchgrossisten Libri. Die Bücher werden elektronisch gespeichert und auf Bestellung gedruckt, deshalb sind sie
nie vergriffen. Books on Demand sind über den klassischen Buchhandel
und Internet-Buchhandlungen zu beziehen.
Weitere Informationen über den Verlag und sein Programm unter:
www.allitera.de.

Bibliographische Information der Deutschen Bibliothek.
Die Deutsche Bibliothek verzeichnet diese Publikation in der Deutschen
Nationalbibliographie; detaillierte bibliographische Daten sind im Internet
über <http://dnb.ddb.de> abrufbar.

März 2003
Allitera Verlag
Ein Books on Demand-Verlag der Buch & medi@ GmbH, München
© 2003 Wolfgang Günter Lerch
Umschlaggestaltung: Kay Fretwurst, Spreeau
unter Verwendung des Bildes »Das türkische Bad«
von Jean-Auguste-Dominique Ingres
Herstellung: Books on Demand GmbH, Norderstedt
Printed in Germany
ISBN 3-935877-86-2

Inhalt

Einleitung 7

ERSTER TEIL: DIE TÜRKISCHE PROSA

Reform und Emanzipation in Politik und Literatur
vom Osmanenreich zur Republik 13
Demokratie und Pluralität 16
Die Geburt des Realismus 18
Die Dorfliteratur 24
Humor und Satire 34
Schriftstellerinnen 39
Der Höhepunkt der Dorfliteratur 44
Einzelgänger und Avantgarde 46
Zusammenfassung 52

ZWEITER TEIL: DER LANGE ABSCHIED VOM DIWAN

Die Entwicklung der türkischen Lyrik 57
Zu neuen Ufern 61
Melancholiker und »Historiker« 75
Von der Volksdichtung 84
Der Kosmos des Dichters 87
Türkisch-islamische Synthese 93
Der Kreis schließt sich 100

DRITTER TEIL: GESCHICHTE UND GESTALTEN

Das Drama – Ein Spätling der türkischen Literatur 113

Bibliographische Angaben 124

Einleitung

Die türkische Literatur ist in Deutschland noch immer fast unbekannt, obwohl schon seit vielen Jahren mehr als zwei Millionen Türken unter uns leben. Mit türkischen Speisen wie »Döner kebab« oder »Lahmacun« mag man inzwischen schon einigermaßen vertraut sein; auch die eine oder andere Urlaubsreise in die Türkei, nach Istanbul, Antalya oder in das fernere Kappadokien, mag den Deutschen die zahlreichen und vielgestaltigen Sehenswürdigkeiten dieses schönen Landes aus antiker, byzantinischer, seldschukischer oder osmanischer Zeit näher gebracht haben. Doch die Literatur, weitgehend gekoppelt auch an das Verständnis der fremden, für viele allzu fremden Sprache, bleibt nach wie vor Terra incognita, obschon die nachfolgende Arbeit zeigen wird, dass – nach einer beschämend langen Zeit des Schweigens – vor allem seit den achtziger Jahren eine nicht unerhebliche Reihe von türkischen literarischen Texten aus Prosa und Lyrik ins Deutsche übertragen worden ist. An einem absoluten Mangel an Texten, mit denen man sich auseinander setzen könnte, kann also das fehlende Interesse nicht alleine liegen.

Unter den Fachgelehrten der Osmanistik und Turkologie wurde früher oft die Meinung vertreten, die türkische Literatur sei ohnehin nur eine künstlerisch schwächere Variante der arabischen und, vor allem, der klassischen persischen Literatur. Diese Aussage, so (bedingt) richtig sie in Bezug auf die vergangenen Epochen der türkischen Literatur auch sein mag, blieb jedoch auf den Kreis der Gelehrten beschränkt und kann deshalb nicht zur Erklärung jenes hier angesprochenen literarischen Mangel-Phänomens herangezogen werden. Auf die moderne türkische Literatur bezogen, die im folgenden Text im Vordergrund steht, trifft diese Charakterisierung ohnehin nicht mehr zu. Die moderne türkische Literatur hat – zumal auf dem Felde der lyrischen Dichtung – das Niveau der zeitgenössischen Weltpoesie längst erreicht. Sie hat sich von den ehemaligen Vorbildern, seien diese im Orient oder Okzident zu suchen, in den vergangenen Jahrzehnten mehr als nur emanzipiert. Sie ist eigenständig und selbständig geworden.

Dies muss vor allem den europäischen Literaturkritikern ins Stammbuch geschrieben werden, die noch immer dazu neigen, die Literaturen des Orients sträflich zu vernachlässigen. Allzu schnell sind sie mit dem Vorwurf des Epigonentums bei der Hand, der gegenüber allen Literaturen erhoben wird, die von der westlichen Moderne – dies sei nicht bezweifelt – einiges gelernt haben. Diese arrogante und unhistorische Haltung verstellt jedoch den Weg zu einer unvoreingenommenen Rezeption solcher Literaturen. Darüber hinaus muss man fragen, ob denn nicht die europäische Literatur der Neuzeit auch von anderen gelernt habe. Hat Boccaccio denn nicht zu seiner Zeit auch orientalischen Vorbildern nachgeeifert? Sind nicht auch orientalische Einflüsse im Werke Dantes oder im Don Quixote des Cervantes aufweisbar? War nicht auch dies einmal »Epigonentum«? Die Kulturgeschichte ist ein wechselseitiges Geben und Nehmen, bei dem es wenig Zweck hat, pauschale Urteile über Formen der Minderwertigkeit zu fällen. Es ist nicht zu leugnen, dass es epigonale Werke in der türkischen Literatur gibt, Werke, die von den Leseerfahrungen – wie überhaupt von der Begegnung der Autoren mit dem Westen – zeugen; aber dies allein kann nicht ausschlaggebend für die Kritik sein. Sie kann nur nach Kriterien der literarischen Qualität ihre Entscheidungen treffen und Urteile fällen, wie bei Werken der europäischen Literatur auch.

Es ist also Zeit, etwas zur Verbreitung der türkischen Literatur beizutragen. Türken und Deutsche leben nicht ohne Schwierigkeiten miteinander, meistens eher nebeneinander her. Die Gründe dafür sind auf beiden Seiten zahlreich. Es wäre töricht und unredlich, die Konflikte zu verschweigen, die zu diesem unbefriedigenden Zustand beitragen und ihn zu verfestigen drohen. Die Vision einer multikulturellen Gesellschaft bleibt umstritten. Es sind vor allem Konflikte der Akkulturation, die bis jetzt nur unvollkommen bewältigt werden. Gewiss kann auch die Bekanntschaft mit der Literatur dieses Volkes (wie umgekehrt der des deutschen Volkes) die Probleme nicht lösen; sie kann jedoch Kenntnisse vermitteln und einen etwas größeren Grad von Vertrautheit mit dem Fremden herstellen, auch unabhängig davon, ob man nun für eine entschieden multikulturelle Gesellschaft eintritt oder nicht. Das ist nicht wenig.

Die folgende Einführung stützt sich – neben der Lektüre türkischer Autoren, die der Verfasser seit drei Jahrzehnten intensiv pflegt – auf einige schon vorliegende aber länger vergriffene Publikationen in deutscher wie türkischer Sprache, in denen Pionierarbeit geleistet wurde. Das vor dem Leser liegende Buch soll keine »Geschichte der türkischen Literatur« sein, sondern ein Einstieg, eine einführende, knappe und verdichtete Zusammenfassung und synoptische Überschau, eine Art Panorama für alle an Literatur

Interessierten, die sich rasch einmal über das Thema informieren wollen. Das Büchlein soll erste Eindrücke einer fremden Sprach- und Gedankenwelt liefern, für weitere und tiefere Interessen sei das Literaturverzeichnis empfohlen, das neben vielen türkischen Arbeiten auch deutsche Anthologien und Einführungen nennt.

Der Autor dieses schmalen Bandes ist Journalist, nicht Spezial-Gelehrter. Er ist deshalb nicht imstande, jenes Maß an Spezial-Wissen, Zeit und auch persönlichem Aufwand aufzubringen, das zur Abfassung einer umfassenden türkischen Literaturgeschichte notwendig wäre. Diese große Aufgabe muss in der Zukunft Berufeneren überlassen bleiben. Den Intentionen des Verfassers wäre schon gedient, wenn es ihm auf den folgenden Seiten gelänge, das Interesse des einen oder anderen Lesers an einem vertieften Dialog mit türkischer Literatur und Kultur insgesamt zu wecken.

Die Idee zu dieser Einführung in die türkische Literatur hatte der Autor schon in den frühen siebziger Jahren, als er zusammen mit Kommilitonen an der Universität Tübingen unter der Leitung von Professor Josef van Ess osmanische Texte las, nach der bekannten Anthologie des Osmanisten Richard F. Kreutel als Vorlage (s.u. 1. Teil). Die Lektüre der osmanischen Literaten war so anregend, dass manche Teilnehmer wissen wollten, in welche Richtung sich nach der osmanischen Zeit die türkische Literatur weiterentwickelt habe. Informationen darüber waren zum damaligen Zeitpunkt in Deutschland schwer zu erhalten. Als Ausgangspunkt dienten dem Verfasser einige in der Türkei erstandene Anthologien, die auch im Anhang dieses Büchleins aufgeführt sind. Sie sind, zerlesen und mit zahlreichen Übersetzungshilfen versehen, noch immer im Besitz des Autors. Die Beschaffung der erforderlichen neueren Literatur ist leider immer noch ein Problem, da es um die Kultur der türkischen Buchhandlungen nicht zum Besten bestellt ist. Der Verfasser dankt allen Freunden, die für ihn in dieser Angelegenheit Post- und Kurierdienste übernommen haben, vor allem jedoch seinem Kollegen Rainer Hermann in Istanbul, der ihm Bücher besorgte.

Die Türkei hat in diesem Jahrhundert Umbrüche politischer, gesellschaftlicher und kulturell-religiöser Art erlebt, von deren Tiefe sich die übrige Welt nur schwer einen Begriff zu machen vermag. Damit verbunden sind auch viele innere Schwierigkeiten, die das Land bis heute hat: Sie reichen vom Wiedererstarken der Religion bis zu den überwiegend blutigen und kriegerischen Auseinandersetzungen der Zentralmacht in Ankara mit den Kurden. Politische

Konflikte werden von einem Kulturkampf zwischen Laizisten und Islamisten getragen und überlagert, dessen endgültigen Ausgang noch niemand absehen kann. Noch immer ist auch der Gebrauch des Kurdischen in der Türkei ein Problem.

Der Kulturkampf ist jedoch auf das Engste mit der Sprache und ihrer Entwicklung verknüpft, wobei die türkischen Autoren hier – dies muss deutlich gesagt werden – politisch nicht wirklich frei sind. Viele von ihnen haben wegen der Kritik an den unterschiedlichsten Formen der Modernisierung Bekanntschaft mit den Gefängnissen ihrer Heimat gemacht. Deshalb sei dieses kleine Werk all jenen in der Türkei gewidmet, die ihr Engagement für das freie Wort mit Verfolgung und Drangsalierung, mit Haft, Folter oder noch Schlimmerem bezahlen mussten. Die freie Publikation kurdischer Literatur, zum Beispiel, ist im Grunde immer noch unmöglich. So haben sich manche türkische Autoren, etwa der vom Börsenverein des Deutschen Buchhandels im Jahre 1997 ausgezeichnete Yaşar Kemal oder auch Ferit Edgü, in ihrer türkischen Muttersprache diesem Thema zugewandt. Sie alle hoffen darauf, dass die Türkei größere Fortschritte auf dem Weg zu einer zivilen Gesellschaft machen möge – gerade auch um der Literatur und der Dichtung willen. Die türkischen Schriftsteller haben seit der zweiten Hälfte des 19. Jahrhunderts zum Wandel ihres Landes von einer orientalischen Despotie zu einem modernen Staat wahrscheinlich am meisten beigetragen. So möge es bleiben.

Wolfgang Günter Lerch

Erster Teil:

Die türkische Prosa

Reform und Emanzipation in Politik und Literatur vom Osmanenreich zur Republik

Die Entwicklung der modernen türkischen Literatur ist die Geschichte einer ungeheuren, mehr als sieben Jahrzehnte dauernden und in ihrer Art einzigartigen historischen Emanzipation. Mit dem Ende des islamisch-universalistisch orientierten Osmanischen Reiches (»Osmanli Imparatorluğu«) zu Beginn der zwanziger Jahre des zwanzigsten Jahrhunderts mussten sich auch die türkischen Schriftsteller – wie das ganze Volk – in einer Weise von einer in vielem durchaus ruhmreichen, aber obsolet gewordenen Tradition abwenden, die bis heute – auch was ihre literarischen Äußerungen betrifft – in Europa noch viel zu wenig bekannt ist. Im Jahre 1922 wurde, nach sechs Jahrhunderten des Herrschens, die Institution des Sultanats abgeschafft; zwei Jahre später verließ auch Abdülmecit, der letzte, nur noch protokollarisch als höchste islamische Autorität amtierende Kalif die alte Hauptstadt Istanbul/Konstantinopel. Eine Epoche war zu Ende, ein Einschnitt wurde vorgenommen, der auch das literarische Schaffen in türkischer Sprache von Grund auf revolutionieren sollte.

In osmanischer Zeit hatte in der Literatur allein die Lyrik (şiir, nazm) wirkliches Ansehen genossen, während die Prosa (nesir) – obwohl von Gelehrten und Theologen durchaus mit Hingabe gepflegt – sich vor allem in einem oft gekünstelten Kanzleistil erschöpft hatte, der das Werk der hohen Staatsbeamten, der Angehörigen des »Diwans«, sowie der islamischen Schriftgelehrten (ulema) gewesen war. Sie hatten sich – wie die panegyrischen, das Lob des Herrschers singenden Dichter des Reiches – hauptsächlich an persischen und arabischen Vorbildern ausgerichtet, und zwar sowohl sprachlich wie stilistisch. Ihre Domäne war jene höfische Dichtung gewesen, die man im Türkischen als »divan edebiyati« (»Diwan-Literatur«, siehe unten 2. Teil) bezeichnet, das heißt als Literatur der höfischen Kreise, die im Arabischen mit dem Begriff »al-adab«, Literatur der feinen, höheren Bildung, umschrieben wurde. Die Volksdichtung (halk edebiyati) wurde in der Gattung Lyrik hingegen für ebenso gering erachtet wie das bloße Erzählen, das als weltliche Kunst, bis auf wenige Ausnahmen, im Grunde gar nicht existierte.

Dennoch haben die Türken auch in der klassischen osmanischen Zeit hervorragende Prosa-Autoren hervorgebracht, zum Beispiel

Historiker wie MUSTAFA NAIMA (1655–1715), IBRAHIM PEÇEVI (1574–1649) und – so weit reicht diese literarische Tradition zurück – den berühmten AŞIKPAŞAZADE (1392–1481) mit seiner historischen Chronik. Sogar außerhalb Europas bekannt wurde der Polyhistor KATIP ÇELEBI (mit eigentlichem Namen Haci Kalfa, 1609–1657), der das islamische Wissen seiner Zeit enzyklopädisch verarbeitete und in seinen Werken darstellte, etwa in jener berühmten Sammlung, die den Titel »Kaşf-i zunun« (»Die Offenbarung der Meinungen und Ansichten«) trägt. Als berühmtester Reiseschriftsteller der osmanischen Türken trat hingegen EVLIYA ÇELEBI (1611–1682) mit seinem vielbändigen »Seyahatname« (»Reisetagebuch«) hervor. Osmanische Geschichtswerke aus dem hier angesprochenen Umkreis hat schon vor etlichen Jahren der bekannte Osmanist Richard F. Kreutel in seiner »Bibliothek osmanischer Geschichtsschreiber« vorgestellt. Er ist auch Herausgeber einer verdienstvollen Chrestomathie (siehe Literaturverzeichnis) mit Texten osmanischer Klassiker, deren Auswahl einen guten Einblick in die jahrhundertelang gepflegten literarischen Genres unter den türkischen Sultanen bietet, und zwar bis zur Aufhebung der arabischen Schriftzeichen und ihrer Ersetzung durch eine moderne Schrift unter Kemal Atatürk.

Erst die Autoren der Tanzimat-Zeit, das heißt der Reformära seit 1839, leiteten in Sprache wie Literatur Veränderungen ein, die im zwanzigsten Jahrhundert dann mit aller Wucht und Kraft das ganze Land und damit auch die Literatur verwandelten. Die politischen Reformansätze des Tanzimat wurden von Autoren wie NAMIK KEMAL (1840–88) oder ZIYA PAŞA (1825–80) ebenso begleitend gefördert, wie sie von Staatsmännern oder Großwesiren (sadrazamlar) von der Art eines Midhat Paşa – wenn auch nur unvollkommen und unter großen Schwierigkeiten– verwirklicht wurden. Der erste moderne Roman, der jemals in türkischer Sprache verfasst wurde, stammte aus der Feder von ŞEMSETTIN SAMI, einem Albaner namens Sami Frasheri, der sich als muslimischer Untertan des Sultans gleichwohl um die Entwicklung der osmanisch-türkischen Sprache verdient gemacht hatte. Sein Werk »Taaşşuk-i Talat ve Fitnat« (»Die Liebe von Talaat und Fitnat«) ist eine Liebesgeschichte, erschienen 1872. Es folgte 1876, als zweites Werk dieses Genres, die romantische Liebestragödie »Intibah« (»Das Erwachen«) des oben erwähnten Namik Kemal, ein an der Kameliendame von Dumas orientiertes Werk, das auch unter seinem Untertitel bekannt wurde: »Sergüzeşt-i Ali Bey« (»Die traurigen Abenteuer des Ali Bey«).

Diese Entwicklung war ohne Einflüsse aus dem westlichen Ausland nicht denkbar, ihr zollten auch die Intellektuellen und die Schriftsteller Tribut, indem sie sich politisch von der Französischen Revolution, literarisch von den französischen Vätern der Aufklärung und der Moderne anregen ließen. Hinzu kam ein Schuss Nationalismus, der dann in der späteren Republik die tragende Säule des Selbstverständnisses wurde. Die Tanzimat-Reformen zielten auf eine Gleichbehandlung aller »Bürger«, ungeachtet der Religion, sowie auf eine allgemeine Modernisierung und Zentralisierung des Staates nach westlichem Vorbild.

In diesem Zusammenhang lässt sich die Entwicklung der türkischen Literatur durchaus mit jener der arabischen und persischen Schwesterliteraturen vergleichen, welche ähnliche Verwandlungs- und Emanzipationsprozesse von einer großen, islamisch-religiös bestimmten Vergangenheit und ihren literarischen Sujets hin zur Moderne zu bewältigen hatten. In der Türkei war der Schnitt freilich noch viel tiefer, so tief, dass man bis heute außerhalb des Landes davon vielfach keinen Begriff hat. Anders als Araber und Perser schufen die Türken in diesem Jahrhundert nämlich einen zumindest auf dem Papier gänzlich durchsäkularisierten Staat, der Religion und Politik radikal trennte (mit welchem Erfolg, sei einmal dahingestellt); und sie reformierten ihre Sprache in einer Weise, die fast an eine »Neuschaffung« denken lässt. Zwar gab es auch in den arabischen Ländern und im Iran Tendenzen zu einer Sprachreinigung, den Türken blieb es jedoch vorbehalten, damit in ganz anderer Weise ernst zu machen. 1928 schafften sie die arabischen Schriftzeichen ab und begannen, ihre Sprache von persischen und arabischen Wörtern zu säubern. Das im Osmanischen Reich übliche »beredte Türkisch« (fasih Türkçe) der Hofbeamten und Gebildeten enthielt bis zu achtzig Prozent Wörter, die aus dem Arabischen oder Persischen übernommen und der türkischen Phonetik angepasst worden waren. Das verhältnismäßig reine Türkisch der Bauern in Anatolien galt zu dieser Zeit als niedrig und verachtenswert. Wer etwas auf sich hielt, sprach Osmanisch. Dies änderte sich unter dem Einfluss von ZIYA GÖKALP (1876–1924), dem geistigen Vater der Nationalbewegung, der selbst auch Dichter war, radikal. In seinem epochalen Werk »Türkçülüğün Esaslari« (»Die Grundlagen des Türkismus«) forderte er, unter anderem, die Schaffung einer dem ganzen Volk verständlichen türkischen Sprache. Die Türkische Sprachgesellschaft (Türk Dil Cemiyeti, später: Türk Dil Kurumu) reinigte das Osmanische systematisch, griff auf die Dialekte Anatoliens zurück, schuf Neologismen nach den Regeln der türkischen Grammatik und Phonetik und »bediente« sich auch bei mittelasiatischen Türksprachen sowie im Alttürkischen, dessen Erforschung von Gelehrten wie MEHMET FUAD KÖPRÜLÜ (1890–1966), PERTEV NAILI BORATAV (geb. 1907) und anderen mit großem Eifer betrieben wurde. Durch diese Eingriffe wurde die Literatur wie das gesamte geistige Leben gänzlich umgewälzt. Die Türkei und ihre Literaten wandten sich endgültig und eindeutig dem Westen und seinen Literaturen zu, wurden freilich auch mit einem Schlage vom eigenen Erbe abgeschnitten, da wenige Jahre nach der Umstellung kaum noch jemand die alten Texte lesen konnte. So kam es zu einem Kulturbruch von unvorstellbarer Tiefe. Der kaum überschaubare Prozess einer »Transformation osmanischer Literatur« in das Neutürkische dauert bis heute an, er ist wegen des größer werdenden zeitlichen Abstandes eher noch mühsamer geworden als früher. Dennoch wirkte die kemalistische Kulturrevolution in der Pionier-Ära der zwanziger und dreißiger Jahre zunächst außerordentlich befreiend und befruchtend. Dies empfanden auch Literaten wie PEYAMI SAFA (1899–1961), SADRI ERTEM (1900–1943), MEMDUH ŞEVKET ESENDAL (1883–1952) oder HÜSEYIN CAHIT YALÇIN (1883–1957) und viele andere in derselben Weise. Sie versuchten in ihrer Prosa, ein für alle Türken verständliches »echtes Türkisch« (öz Türkçe) zu schreiben. Einer der wichtigsten Gelehrten, die ihr Leben der Aufgabe widmeten, das alte Türkisch in das neue zu transponieren und arabisch geschriebene Texte in »lateinisch-türkische« umzumünzen, war ABDÜLBAKI GÖLPINARLI (1901–1986), der auch als Erforscher der mystischen Literatur der Mevlevi-Derwische (siehe unten) und anderer mystischer Orden hervorgetreten ist. Er war wohl der größte Transformator osmanischen mystischen Schrifttums in das heutige Türkisch.

Demokratie und Pluralität

Nach dem Ende des Zweiten Weltkrieges begann für die noch junge Türkische Republik eine neue Epoche ihrer Geschichte. Das Land begab sich – geführt von Staatspräsident ISMET INÖNÜ (1884–1973), dem alten Kampfgefährten MUSTAFA KEMAL ATATÜRKS (1881–1938), der selbst ein mitreißender Redner, jedoch kein Literat gewesen war – allmählich auf den Weg zur Parteiendemokratie nach westlichem Vorbild. Politischer Pluralismus sollte zur Regel werden und dadurch die Türkei ein beträchtliches Stück näher an Europa heranführen. Dieser Prozess gipfelte zunächst im überwältigenden Sieg der neu gegründeten Demokratischen Partei (DP) von ADNAN MENDERES (1899–1961) bei den Parlamentswahlen im Jahre 1950, durch den das Herrschaftsmonopol der bis dahin übermächtigen Republikanischen Volkspartei Atatürks (CHP) gebrochen wurde. Für die türkische Gesellschaft, die seit den frühen zwanziger Jahren unter dem Reformator Atatürk einen Umwandlungsprozess ohne Beispiel durchlebte, war dies ein bedeutender Schritt; der wichtigste wohl in der zweiten Hälfte des zwanzigsten Jahrhunderts. Dies gilt ungeachtet der Tatsache, dass die Demokratie in der Türkei heute noch immer anderen Gesetzen gehorcht als in den meisten Ländern Europas, eine Behauptung, die allein schon durch die drei gewaltsamen Eingriffe des Militärs, die Putsche von 1960/61, 1971 und 1980, bewiesen wird. Nicht zuletzt diese besonderen Bedingungen haben auch immer wieder die Schriftsteller beschäftigt, ihnen Stoff geliefert für Kritik, ihnen aber auch persönliche Schwierigkeiten und Unbill für ihre häufig engagierte Literatur eingetragen.

Die Suche nach der neuen Identität, unter der Herrschaft Atatürks als »Verwestlichung und Türkisierung« (garplaşma, Türkleşme) mehr von oben verordnet als spontan betrieben, nahm auf allen Feldern des öffentlichen Lebens durch die größere politische Freiheit einen intensiveren Charakter an. In der abstrakten Sprache der Soziologen und Politikwissenschaftler bedeutete der Sieg der Menderes-Anhänger eine Generation danach in gewisser Weise eine Niederlage der alten kemalistischen Elite zu Gunsten des islamischen Kleinbürgertums auf dem flachen Land und in den Städten. Der unter Atatürk zurückgedrängte Islam begann sich, zunächst zaghaft, dann immer bewusster, wieder öffentlich zu regen. Die Marxisten sahen damals im Machtwechsel von Inönü zu Menderes ein Erstarken der »kapitalistischen Produktionsweise«, zumal sich die Türkei in der etwa zehn Jahre währenden Ära Menderes auch ganz in das westliche Bündnis, vor allem in die Wertegemeinschaft der Nato, einfügen sollte. Menderes wurde nach seinem Sturz 1961 hingerichtet, ein Ereignis, das bis heute Wunden und Narben in der türkischen Gesellschaft hinterlassen hat.

In der Literatur ging jenes Experimentieren weiter, das – neben einem gewissen Traditionalismus – die ersten zwei Jahrzehnte der Republik seit Beginn der zwanziger Jahre bestimmt und begleitet hatte. Die Prosa (nesir) strebte nach realistischen, glaubwürdigen Formen des Erzählens wie nach Anerkennung überhaupt; die lyrische Dichtung (şiir, nazm), welche bis dahin die literarische Landschaft der Türkei dominiert hatte, suchte den Anschluss an das Niveau der modernen Weltpoesie in Europa und Amerika, bei gleichzeitiger Schaffung einer echt türkischen Versdichtung. Beide Ziele sind aus heutiger Sicht erreicht worden. Als besonders schwer zu lösen erwies sich, wie könnte es auch angesichts der gewaltigen gesellschaftlichen und politischen Umbrüche anders sein, die Frage nach der Identität. In welcher Art von Literatur konnte sich das, was Kemal Atatürk und seine Mitstreiter sich unter der neuen, nationalstaatlich geprägten Türkei (yeni Türkiye) vorgestellt hatten, am überzeugendsten darstellen? Heute ist die türkische Literatur mannigfaltig und komplex, nicht auf eine bestimmte Richtung festzulegen. In gewisser Weise war es natürlich, dass die türkischen Autoren begannen, mit Hilfe eines Realismus erst einmal festen Boden unter die Füße zu bekommen.

Die Geburt des Realismus

Zum ersten Großmeister des modernen Realismus in der Prosa nach einer Periode der Suche und des Übergangs entwickelte sich der bis heute von einem ungeklärten, wohl tragischen Ende umwehte SABAHATTIN ALI (1907–1948), in dem nicht wenige einen der größten Prosaisten der türkischen Literatur überhaupt sehen wollen. Dies erkannte auch schon Otto Spies, der den Autor in seinem Werk »Die türkische Prosaliteratur der Gegenwart« im Jahre 1943 dem deutschen Leser vorstellte. Seine Texte werden häufig unter dem Signum des sozialistischen Realismus abgehandelt, doch greift diese Einordnung zu kurz. Es handelt sich um einen Realismus, der vor allem die Lebenserfahrung des im Abseits der Geschichte stehenden Normalmenschen ernst nimmt, um einen menschlich-sozialen Blickwinkel also, der durch den Begriff »sozialistisch« nur ideologisch verengt wird. Dabei spielt es keine große Rolle, ob der Schriftsteller sich selbst als Sozialist gesehen hat oder nicht. Sabahattin Ali war zu sehr Poet und hatte auch eine gewisse Neigung zum Mystischen, als dass er als ideologischer Autor in ein Schubfach »eingeordnet« werden könnte. Sozialer Realismus (sosyal gerçekçilik) ist hingegen eine angemessene Bezeichnung.

Der Dichter stammte aus West-Thrakien, einer Region, die zur Zeit seiner Geburt im Jahre 1907 noch zum Osmanischen Reich gehörte. Sein Geburtsort ist Gümülcine, das heutige Komotini. West-Thrakien ist seit dem Zusammenbruch des Osmanischen Reiches ein Teil Griechenlands. In unregelmäßigen Abständen kommt es dort jedoch zu Spannungen zwischen der griechischen Bevölkerungsmehrheit und der muslimischen Minderheit. Auch Sabahattin Alis Kindheit war vom Erlebnis dieser Spannungen nicht frei, denn das sterbende türkische Reich, der »kranke Mann am Bosporus«, erlebte seinen Zerfall maßgeblich vom Balkan her, wo besonders die christlichen Untertanen des Sultans in einem unaufhaltsamen Prozess der politischen Emanzipation und Befreiung begriffen waren. In den Balkan-Kriegen kam es zum gewaltsamen Zusammenstoß, der das Reich seine vormals beherrschten Gebiete kostete, aber noch immer politisch für Unruhe sorgte. Die politischen Verhältnisse auf dem Süd-Balkan sind bis heute ein Erbe nicht ganz bewältigter osmanischer Geschichte. Der bedeutende türkische Lyriker YAHYA KEMAL BEYATLI (1884–1958), der seine Jugend gleichfalls auf dem Balkan verbrachte, fasste die damalige Stimmung in einem berühmten Vers zusammen, der da lautet: »Balkan şehirlerinde geçerken çocukluğum/Her lahza bir alev gibi hasretti duyduğum« – »Als ich in den Städten des Balkans meine Jugend verbrachte, fühlte ich eine Sehnsucht, die der Flamme glich …«.

Der junge Schriftsteller erlebte den Aufstieg der Republik, war jedoch, wie einige andere Autoren auch, nicht bereit, sich mit Haut und Haaren der Ideologie des Kemalismus zu verschreiben. Er wurde ein Linker, der zwar die von Kemal Atatürk vorangetriebene Modernisierung des Landes prinzipiell begrüßte, aber kritisierte, dass viele der neuen Errungenschaften an der Masse der armen Bevölkerung vorbeigingen. So verhielt es sich auch.

Wegen seiner kritischen Haltung gegenüber dem neuen Regime, einer westlich beeinflussten Erziehungsdiktatur von Atatürks Gnaden, wurde Sabahattin Ali mehrfach inhaftiert. In den vierziger Jahren war er Mitbegründer und Mitarbeiter der politischen Zeitschrift Markopaşa, die verboten wurde und immer wieder unter anderen Namen erscheinen musste (siehe unten, bei Aziz Nesin). Gefängnisaufenthalte sind seither ein Schicksal, von dem viele Autoren in der modernen Türkei betroffen waren und sind, womit das Land eine unselige Tradition fortsetzt, die im überwunden geglaubten Osmanischen Reich angelegt gewesen war. Auch dort machten Schriftsteller und Dichter mit dem Gefängnis, mit der Verbannung oder gar mit dem Henker Bekanntschaft, wenn sie ihre Kritik am Herrscher zu weit trieben. Dabei hing das Ausmaß des Erlaubten oft von der Person des Sultans und Padischah ab. Neben eher milde eingestellten Persönlichkeiten gab es Autokraten, mit denen nicht zu spaßen war. In republikanischer Zeit hingegen wurden, wie wir noch sehen werden, zu ahndende Verstöße streng rechtlich festgelegt, das heißt in den Verfassungen und im Strafgesetzbuch definiert.

Sabahattin Ali begann seine Karriere, wie so viele Schriftsteller der Türkei, mit Lyrik, das heißt mit einem Genre, das damals noch die Literatur dominierte, nicht nur die türkische übrigens, sondern auch die arabische und persische. Die Poesie galt als die Krönung der Literatur. Besonders beeindruckt war er dabei von NAZIM HIKMET RAN (1902–1963), dem jungen kommunistischen Feuerkopf, der die türkische Dichtkunst von Grund auf revolutionierte. Doch in den dreißiger und vierziger Jahren fand Sabahattin Ali endgültig zur Prosa als seinem ureigensten Genre. 1936 erschien seine berühmte Sammlung von Kurzgeschichten unter dem Titel »Kağnı« (»Der Ochsenkarren«), die vorbildlich wurde für die moderne türkische Kurzprosa und es auch bis heute blieb. Sabahattin Ali entwickelte diesen Stil einer realistischen, menschlich engagierten Kurzprosa und seine Art der Themenbehandlung in den vierziger Jahren bis zu seinem frühen Ende konsequent weiter. Es ist ein Stil kunstvoller Knappheit und sprachlicher Sparsamkeit, der auch der Redeweise des gemeinen Mannes gerecht wird. Dessen Lebensvollzug zwischen Tradition, skeptischer Zukunftserwartung und oft trivialem Alltag ist das Elixier der Erzählungen Sabahattin Alis.

Ergreifend schildert der Dichter in der meisterhaften Erzählung »Ses« (»Die Stimme«) den Zusammenprall der ländlichen und der städtischen Welt. Während einer Autopanne hört ein Städter einen Jungen vom Lande, der sich selbst mit der türkischen Laute, der Saz, begleitet, mit einer wunderbaren Stimme singen. Er bringt den Jungen in die Stadt, damit er den Herren vom Konservatorium vorsinge, denn diese Stimme – so seine Meinung – müsse unbedingt ausgebildet werden. Doch der junge Mann bringt vor den Herren der Kommission nur ein mageres Krächzen über die Lippen. Hatte er beim ersten Mal nicht besser gesungen? War damals nur die Stimmung eine andere gewesen? Oder versagt dem ländlichen Künstler in der nüchternen Atmosphäre städtischer Kultur seine Stimme?

Der Dichter, der ein Idol für viele Prosaisten der Türkei geblieben ist, kam im Jahre 1948 in der Nähe von Kirklareli ums Leben. Sein offenbar gewaltsamer Tod ist bis heute nicht ganz aufgeklärt. Während türkische Literatur-Lexika sich oft ausschweigen oder angeben, der Dichter sei von einem Schmuggler nahe der bulgarischen Grenze erschossen worden, behaupten andere, vor allem Anhänger des Schriftstellers, er sei wohl von der Staatsmacht ermordet worden bei dem Versuch, nach Bulgarien in das Exil zu gelangen; sozusagen »auf der Flucht erschossen«.

Eine andere, stark individualistische Variante realistischen Erzählens bietet SAIT FAIK ABASYANIK (1906–1954), ein schwermütiger »Bruder Leichtfuß«, der – von eher labilem als ideologischem Charakter – wohl an der Trunksucht sowie an der Melancholie zu Grunde ging. Über das Lebensgefühl und das Schreiben dieses Dichters, dessen Werke zur Pflichtlektüre in den Schulen der Türkei gehören, möchte ich nur den Namen »Tschechow« stellen. Wie der große Russe, eines seiner Vorbilder, ist auch Sait Faik ein Meister der Kurzgeschichte und der Ironie. Ein Darsteller von Menschen, deren teilweise absurdes Verhalten und Handeln man mit Verständnis zeichnen muss, ohne sie ständig belehren und bessern zu wollen. Die Welt ist detestabel und wird auch so beschrieben. Das ist alles.

Sait Faik war der Sohn eines wohlhabenden Geschäftsmannes, eines Holzhändlers in der Provinzstadt Adapazari, östlich von Istanbul auf dem kleinasiatischen Kontinent gelegen. Wie Sabahattin Ali wuchs er in jenen Tagen auf, da der Sultan abzudanken hatte und das Land neue, westliche Wege beschritt. Der Vater wollte aus dem Sohn einen Kaufmann machen und schickte ihn nach dem Besuch der Schule und einem abgebrochenen Literatur-Studium in Istanbul zunächst in die Schweiz zum Studium der Volkswirtschaft. Später sollte Sait Faik diese Studien in Frankreich vervollständigen. Er nutzte die Zeit jedoch, um sich mit der französischen Literatur vertraut zu machen, las vor allem André Gide, und begann auch mit eigenen Arbeiten. Nach dem Tod des Vaters bestand in seinen Augen keine Verpflichtung mehr, sich auf den ungeliebten Brotberuf zu stürzen. Er führte weitgehend das Leben eines Bohemien, wechselte seinen Wohnsitz immer wieder zwischen Istanbul, wo die Strandlokale am Bosporus zu seinem bevorzugten Domizil wurden, und den herrlich im Marmara-Meer gelegenen Prinzeninseln, deren Klima und Stimmung er so sehr liebte. Schließlich ließ er sich auf der Insel Burgaz nieder, wo er 1954, gerade einmal 48 Jahre alt, an Zirrhose starb.

Sait Faik wurde zunächst ein impressionistischer Beobachter von Menschen; von Menschen, die – wie der deutsche Titel eines seiner beiden Romane sagt – das Leben als einen »Lastkahn« empfinden mussten und dennoch nicht verzagen. Die Türkei war damals ethnisch noch vielfältiger als heute. Vor allem Istanbul hatte noch vieles von jenem kosmopolitischen Charakter der osmanischen Zeit bewahrt, der später verloren ging, als man die letzten Griechen vertrieb (1955). Griechen, Juden und Armenier tauchen denn auch immer wieder in Sait Faiks Erzählungen und kurzen Prosaskizzen auf. Vor allem drei Prosabände, die jeweils nach der Titelerzählung benannt wurden, haben Sait Faiks Ruhm als exemplarischer Autor begründet: »Lüzumsuz Adam« (»Der überflüssige Mensch«), »Mahalle Kahvesi« (»Das Café im Viertel«) sowie »Semaver« (»Der Samovar«), dazu »Şahmerdan« (»Der Amboss«). In den etwa fünfzig Kurzgeschichten und Skizzen, welche diese drei Sammlungen umfassen, legt Sait Faik den Weg vom bloßen Beobachter zum psychologischen Deuter zurück, der sich in die Seele seiner Figuren hineinlebt. Wie Tschechow stellt er das menschliche Leben dar, ohne zu verurteilen oder Vorträge darüber zu halten, wie die Welt sein sollte: natürlich anders und besser. Sait Faik nimmt die Menschen, wie sie sind, und er bezieht auch sich in diese Analyse mit ein. Melancholie ist seine innere Grundgestimmtheit. In »Der überflüssige Mensch« schildert der Autor in gewisser Weise seine eigene Lethargie, autobiographisch und leicht psychologisierend.

Der Held dieser Geschichte lebt sieben Jahre lang ereignislos vor sich hin und verlässt niemals die vier Straßen seines Viertels. Er besucht dasselbe Café, redet mit denselben Leuten, verliebt sich in eine junge Schneiderin. Dieses Begehren wächst. Eines Tages bricht er doch aus und verlässt sein Viertel. Er erkennt Istanbul nach sieben Jahren nicht wieder. In einem Hamam, einem türkischen Bad, wird ihm bewusst, dass er sich nach sieben Jahren zum ersten Mal wieder wäscht. Die Reinigung wird zur Wandlung. Er kann jetzt nicht mehr in sein armseliges Viertel zurück.

Sait Faik knüpft in dieser Erzählung an die Anonymisierung des modernen Lebens an, wie sie zuerst meisterhaft von Tschechow beschrieben wurde. Kommunikationslose Kommunikation ist das Thema dieser »überflüssigen Menschen« – eine Kategorie des negativen Helden, die besonders bei russischen Autoren, beileibe nicht nur bei Tschechow, immer wieder vorgekommen ist.

In der Erzählung »Mahalle Kahvesi« erreichte Sait Faik höchste Meisterschaft. Nach der Auffassung von Yaşar Kemal, dem bekanntesten Prosaisten unserer Tage, gehört Sait Faik zu den großen Erzählern der Weltliteratur. Hintergrund von »Mahalle Kahvesi« ist das Leben in einem türkischen Caféhaus, das sich von Tag zu Tag in eintöniger Gleichförmigkeit wiederholt. Noch heute sind diese Etablissements typisch für alle türkischen Städte und Dörfer.

Eines Tages jedoch wird der Erzähler Zeuge eines dramatischen Ereignisses. Während draußen ein Schneesturm tobt und sich im Caféhaus alle wohl fühlen, kommt ein junger Mann herein, dessen Gestalt alle verstummen lässt. Er berichtet von seinem Schicksal. Die Männer erfahren mit der Zeit, dass der junge Mann von seinem Vater verstoßen worden ist. Der Vater liegt jedoch nur einige Häuser weiter entfernt im Sterben. Der Sohn möchte den Vater in seiner letzten Stunde sehen, doch die Gäste des Caféhauses verhindern dies, weil sie nicht wollen, dass der Vater in seiner Todesstunde den »missratenen Sohn« zu Gesicht bekommt. Diese im Prinzip dramatisch-traurige Geschichte wird mit großer Einfühlsamkeit erzählt. Sogar ein Schuss Komik lässt sich darin beobachten.

Moderne Romantheorien, vor allem ein Arbeiten mit verschiedenen Ebenen und Perspektivenwechseln, mit Geschichten innerhalb der Geschichte, beherrschen den Roman »Medari Maişet Motoru« (»Ein Lastkahn namens Leben«).

Es ist die Geschichte eines pensionierten Bahnbeamten, der auf einer der Prinzeninseln lebt und für Pflegesohn und Tochter sorgen muss. Die Tochter Melek gibt er einem griechischen Friseur in die Lehre, den Sohn Fahri bringt er als Schiffsjungen auf einem Lastkahn unter. Der Kahn wird zur Metapher des Lebenspanoramas dieser Menschen, das jetzt in Rückschau und Vorschau gezeichnet wird. Doch auch die Insel erhält eine tiefe symbolische Bedeutung: Sie steht für das Ich des Erzählers, der zwischen der Sucht nach Kommunikation und dem Streben nach Einsamkeit hin und her schwankt.

Auch hier überwiegen leise und melancholische Töne, während in dem letzten Werk Sait Faiks, dem aus dem Jahre 1953 stammenden Roman »Kayip Araniyor« (»Verschollene gesucht«), abgrundtiefer Pessimismus um sich greift.

Die Dorfliteratur

Nach der Vorstellung der beiden Gründerväter der realistischen zeitgenössischen türkischen Prosa, die natürlich ihrerseits ohne Vorläufer wie ÖMER SEYFETTIN (1881–1920) oder YAKUP KADRI KARAOSMANOĞLU (1889–1974) nicht denkbar gewesen wären, kann man die erzählende Literatur in verschiedene Strömungen aufteilen, deren wichtigste zunächst die so genannte Dorfliteratur (köy edebiyati) wurde. Ihr Protagonist ist MAHMUT MAKAL (geb. 1930), der – ursprünglich Lehrer – das anatolische Dorf zu seinem zentralen Thema machte und damit für etwa zwei Jahrzehnte den übrigen Realisten die Richtung wies. Diese Art der anatolischen Literatur hatte sich im neuen Realismus schon angekündigt, brach jedoch durch mit den beiden Bänden »Bizim Köy« (»Unser Dorf«) und »Köyümden« (»Aus meinem Dorf«) von Makal. »Unser Dorf« erschien erstmals im Jahre 1950 und hat in den siebziger Jahren weitere, ergänzte Auflagen erlebt. Das Buch beruht auf den Erfahrungen des Lehrers, des Gebildeten, in der Provinz und ist im Grunde nichts anderes als eine überdimensionale Sozialreportage. Für die türkische Literatur war dies ein gänzlich neues Genre, das bewusst abwich vom offiziell gefragten positiv-aufbauenden Pathos der kemalistischen Gründerzeit. Makal beschrieb das ostanatolische Dorf, das sich schon damals von den Dörfern im Westen der Türkei durch seine bodenlose Armut und zivilisatorische Zurückgebliebenheit drastisch unterschied (und viel hat sich daran bis heute leider nicht geändert!). Makal schilderte den Überlebenskampf von Dörflern, die ihre niedrigen, oft aus Lehm errichteten Behausungen mit Dung heizen, anstatt die brachliegenden Felder damit zu düngen; die oft barfuß umherlaufen und im Winter, der streng ist und schneereich, ohne ausreichende warme Kleidung und Nahrung mehr dahinvegetieren als leben, ein Opfer auch der Agas, der Grundbesitzer, von deren Wohlwollen sie auf Gedeih und Verderb abhängig sind. Infektionskrankheiten und Seuchen raffen sie dahin, ohne dass sie sich zu helfen wüssten. Darüber hinaus sind sie dem Aberglauben und überholten Traditionen verfallen, die verhindern, dass sie aus dem Milieu ausbrechen. Makal beschäftigt sich, kurz gesagt, mit all jenen dörflichen Problemen und Konflikten, die nicht oder nur selten in die Amtsstuben der Bürokraten von Ankara vordringen, obschon doch der anatolische Bauer (köylü) vom Regime zum ideologischen »Salz der Erde« erklärt worden war.

Mahmut Makals Sprache ist einfach, aber eindringlich, dem Inhalt angemessen. Hochartifizieller Stil hätte wohl kaum zu seiner Absicht gepasst, der Öffentlichkeit die Augen über die Realitäten des türkischen flachen Landes zu öffnen. Nach den strengen Maßstäben mancher westlicher Literaturkritiker dürften diese Arbeiten Makals wohl gar nicht unter die Literatur gerechnet werden, sondern als bloßer Journalismus zu klassifizieren sein. Diese Charakterisierung wäre jedoch schon deshalb fatal, weil Schriftsteller in dem Entwicklungsland Türkei auch immer Journalisten waren und sind. Die Symbiose von Journalismus und Schriftstellertum ist geradezu konstitutiv für die moderne türkische Literatur. Sie war es auch schon in spätosmanischer Zeit, als praktisch alle Größen der Reform-Literatur (tanzimat edebiyati) auch Mitarbeiter der neu gegründeten Zeitungen und Journale, wie etwa »Tasvir-i efkar« (»Beschreibung der Gedanken«) oder »Takvim-i vekayi« (»Chronik der Ereignisse«), waren. Dies kann in einer Gesellschaft wie der türkischen, die sich im vorigen Jahrhundert anschickte, Jahrzehnte europäischer Aufklärung in kurzer Zeit nachzuholen, gar nicht anders sein, ist doch der Journalismus auch das publizistische Mittel der europäischen Aufklärung gewesen.

Der Ansatz der Dorfliteratur hat sich für ungefähr drei Jahrzehnte als äußerst anregend und fruchtbar erwiesen. Makal fand zahlreiche Nachahmer, deren Bücher wegen mangelnder Originalität oft nicht überdauerten. Elemente dieser Thematik sind jedoch in die Werke fast aller bedeutenden Erzähler eingedrungen, sofern sie sich mit dem Geschick der Menschen in den ländlichen Regionen der Türkei beschäftigt haben. Dies gilt gleichermaßen für »rechte« wie für »linke« Autoren. Natürlich prägt die Dorfliteratur all jene Romane und Erzählungen, die in den anatolischen Provinzstädten spielen; oder sie erscheint in Schilderungen der bedrückenden Lebensverhältnisse in den wuchernden Randsiedlungen der Großstädte (gecekondular), die meistens von Landflüchtigen bewohnt werden. In den großen Städten wie Ankara, Istanbul, Izmir werden sie zwar oberflächlich »verstädtert«, behalten freilich einen großen Teil ihrer ländlich-konservativen Gesinnung und Lebensführung bei. Dies gilt besonders für die Religion, den Islam, obschon es ganz falsch wäre, ein Phänomen wie etwa den neu entflammten Islamismus/Fundamentalismus (islamcilik, islam akimlari) nur als Resultat hinterwäldlerischer Verhältnisse anzusehen. Er ist ein viel komplexeres sozio-kulturelles Phänomen, das auch einige unter den Intellektuellen erfasst hat.

Die von Makal beispielhaft geprägte Dorfliteratur mit ihrem Kreisen um die kleinen Leute in der Provinz, bisweilen auch in der Großstadt, hat eine Reihe von führenden Autoren beeinflusst, die sich selbst zumeist der Linken zurechnen würden. Dies gilt für den weltberühmten YAŞAR KEMAL (geb. 1922), für FAKIR BAYKURT (geb. 1929), viel weniger für SAMIM KOCAGÖZ (1916–1987) und gar nicht für TARIK BUĞRA (geb. 1918). Ganz entschieden links hingegen war der bekannteste Volkssatiriker der modernen Türkei, AZIZ NESIN (1915–1995), in dessen Erzählungen ebenfalls der Gegensatz zwischen Oben und Unten, Reich und Arm, Stadt und Land eine große Rolle spielt. Seine Werke spielen sowohl im städtischen als auch im ländlichen Milieu. Insofern hat die Dorfliteratur sich schon bald auf schöpferische Weise diversifiziert. Ich möchte Autoren in dieser Tradition unter dem Stichwort des »sozialen Engagements« zusammenfassen, ein Ausdruck, der weniger ideologisch befrachtet ist als andere. Zu dieser Gruppe gehören natürlich erst recht Schriftsteller, die sich ausdrücklich auf den Marxismus berufen, wie der Prosaist ORHAN KEMAL (1914–1970), der mit bürgerlichem Namen Mehmet Raşit Öğütçü hieß und – zum Beispiel in dem auch auf Deutsch vorliegenden Roman »Murtaza« (»Murtaza oder das Pflichtbewusstsein des kleinen Mannes«) – kein Hehl daraus machte, auf welcher Seite er stand. Bei Orhan Kemal wird folgerichtig auch das Leben der Industriearbeiter zum Thema. Er ist der Begründer des eigentlichen sozialistischen Realismus in der Prosa. In seinem bedeutendsten Werk, dem Roman »Bereketli Topraklar Üzerinde« (»Auf gesegnetem Boden«) gestaltet er das trübe Schicksal von drei Wanderarbeitern, entwurzelten Dörflern, die in der Großstadt Adana vergeblich versuchen, Arbeit zu finden und sich dort zu etablieren. Im Chaos der Metropole lösen sich ihre Charaktere allmählich auf, so dass sie auch menschlich vor dem Nichts stehen.

Doch auch NAZIM HIKMET RAN (1902–1963), der große Revolutionär der türkischen Lyrik, ist mit sozial engagierten Prosaarbeiten und auch mit Theaterstücken (»Kafatasi«, »Ferhat ile Şirin«) hervorgetreten. Eine Mischung aus erzählender Prosa und Lyrik ist sein sozialrevolutionäres Werk »Simavna Kadisi Oğlu Şeyh Bedrettin Destani« (»Das Epos von Scheich Bedrettin, Sohn des Richters von Simav«), in dem Nazim Hikmet in dichterischer Form über den Aufstand Bedrettins und seiner beiden Getreuen Börklükçe Mustafa und Torlak Kemal zur Zeit des Sultans Mehmet I. zu Beginn des 15. Jahrhunderts berichtet. Unter den Romanen Hikmets wäre vor allem zu nennen »Yaşamak Güzel Şey Be Kardeşim«, auf Deutsch erschienen unter dem etwas merkwürdig klingenden Titel: »Die Romantiker. Mensch, Das Leben ist schön!« Das Buch, von Hikmets Bekanntschaft mit dem Gefängnis und mit vielen inhaftierten Kommunisten inspiriert, bringt politische Biographien in romanhafter Form. Hikmets eigentliche, überragende Bedeutung für die türkische Literatur ist jedoch auf dem Felde der Lyrik zu sehen (siehe Teil 2).

Die türkische Prosa hat sich in den vergangenen Jahrzehnten andererseits auch von aller auf den Punkt gebrachten literarischen Begrifflichkeit gelöst, weil jeder Autor versuchte, seinen eigenen sprachlichen wie inhaltlichen Stil und Kosmos zu schaffen und in ihm zu wohnen. Die Grundgestimmtheit eines sozialen Realismus herrscht allerdings bei den meisten vor, mögen sie sprachlich wie stilistisch noch so bemerkenswerte Eigenheiten entwickeln. Politisches Engagement zu Gunsten der »Erniedrigten und Beleidigten« ist eine schlichte Selbstverständlichkeit für die hier angeführten Dichter, auch wenn sie zuweilen besonders eng in ihre eigenen ästhetischen und sprachlichen Ideen eingesponnen sind.

Wir beginnen unseren Überblick mit Samim Kocagöz, der bis heute bei den Lesern zu den beliebtesten Autoren der hier behandelten Epoche gehört. Sein Werk umfasst etwa 25 Romane und zahlreiche Kurzgeschichten. Kocagöz zählt damit keineswegs zu den absoluten Vielschreibern der türkischen Literatur, was zeigt, dass er auf die Qualität seiner Werke Wert legte. Andere Autoren derselben Generation haben es auf fünfzig oder mehr Romane und Prosasammlungen gebracht (von Aziz Nesin sind weit mehr als hundert Werke auf dem Markt). Kocagöz stammt von der türkischen Westküste, das heißt von jenen »Küsten des Lichtes« der Ägäis, wo er in der Nähe von Izmir zur Welt kam. Bis 1942 studierte er Literaturwissenschaft in Istanbul, bevor er für drei Jahre nach Lausanne ging, um dort Vorlesungen über Kunst zu hören. Im Jahre 1948 erregte er Aufmerksamkeit mit dem Roman »Bir Şehrin Iki Kapisi« (»Die beiden Tore einer Stadt«)

In ihm stellt er den Zusammenprall von Tradition und Erneuerung anhand einer Gemeindewahl auf dem Dorf und deren Folgen dar. Die fortschrittlichen, auf Veränderung dringenden Kräfte werden von den konservativen übertölpelt und nach Strich und Faden betrogen. Doch es bleibt Hoffnung: Trotz vieler Intrigen gibt es sozial engagierte Menschen wie den Arzt Reşat, der die Kranken kostenlos behandelt. Diese jungen, gut ausgebildeten Menschen sind die Zukunft des Landes.

Samim Kocagöz verbrachte die zweite Hälfte seines Lebens auf seinem Landgut bei seiner Heimatstadt Söke. Immer wieder, so auch in dem bekannten Roman »Eski Toprak« (»Alte Erde«), hat er diesen vornehmlich in der Provinz virulenten Konflikt literarisch gestaltet.

Ein vielfach preisgekrönter Meister der Dorfliteratur ist Fakir Baykurt, der auch einige Jahre in Deutschland verbracht hat und diese Erfahrungen literarisch fruchtbar macht (»Duisburg Treni«, »Zug nach Duisburg«, 1986). Baykurt, 1929 in Westanatolien geboren, war nach seiner Ausbildung Lehrer auf dem Dorf, wie Mahmut Makal, und konnte sich einen persönlichen Eindruck von dem verschaffen, worüber er schreibt. Schon seine beiden ersten Romane, 1959 und 1961 erschienen, prägten seinen Ruhm; möglicherweise hat er diese beiden Werke niemals übertreffen können, trotz der Prosasammlung »Can Parasi« (»Seelengeld«), für den er gleichfalls ausgezeichnet wurde. Jedenfalls wird Baykurt für immer mit »Yilanlarin Öcü« (»Die Rache der Schlangen«) und »Irazcanin Dirliği« (»Irasdschas Lebensumstände«) verbunden bleiben. Es sind Provinzgeschichten, in denen der Autor alle Mängel und Fehler des zurückgebliebenen anatolischen Dorfes geißelt: die Herrschaft der Agas, der Großgrundbesitzer, den Aberglauben, die patriarchalischen Strukturen im Dorf wie in den Familien, die Armut, das Analphabetentum und die Gewalt. Kritisiert werden jedoch auch die Vertreter des »Fortschritts«, Beamte und »Politiker«, die die Verhältnisse bessern sollen, aber an ihrer eigenen Unfähigkeit und Korruptheit scheitern. Positives Element ist die beharrliche Kraft der Anatolier, verkörpert in Mutter Irazdscha und ihren Kindern; in verwirrten, weil durch den Einbruch der Moderne durcheinander geratenen Verhältnissen bewähren sie sich immer wieder. Mit dem »Epos vom schwarzen Ahmed« (»Kara Ahmet destani«) hat Fakir Baykurt seinen realistischen Stoff 1977 zu einer Trilogie ausgebaut. In dem Roman »Kaplumbağalar« (»Die Schildkröten«) hat der Schriftsteller ein alevitisches Dorf in den Mittelpunkt der Handlung gestellt. Die Bewohner geraten mit der Staatsmacht aneinander, als diese anordnet, illegal angelegte Gärten zu zerstören und die Dörfler zwingen will, die Grundstücke dann einzeln käuflich zu erwerben. Ideen vom Gemeinschaftseigentum, wie sie unter den traditionell links gesinnten Aleviten, die auch stark laizistisch ausgerichtet sind, herrschen, werden mit der neuen »kapitalistischen« Zeit kontrastiert.

Am 19. Oktober des Jahres 1997 erhielt ein Mann den Friedenspreis des Börsenvereins des deutschen Buchhandels, der ein Jahr zuvor sein Volk mit einer Meldung schockiert hatte, die dann doch nicht eintraf: Yaşar Kemal, ein Autor, dessen Werke in mehr als dreißig Sprachen übersetzt worden sind, hatte erklärt, er wolle im hohen Alter von 73 Jahren die Türkei in Richtung Schweden verlassen, weil er sich staatlichen Schikanen und individuellen Morddrohungen entziehen wollte. Kemal hatte in zwei eher journalistischen Aufsätzen und in einem Beitrag zu einem Sammelband scharfe Kritik an der Kurden-Politik der Regierungen seit Gründung der Republik im Jahre 1923 geübt und darüber hinaus die großen Mängel der türkischen Demokratie sichtbar gemacht: Verletzungen der Menschenrechte, Verweigerung von Minderheitenrechten, Ämterkauf und andere Formen der Korruption. Der Staat antwortete auf diese Kritik mit dem Vorwurf, der Dichter habe durch seine prokurdischen Stellungnahmen dem »Separatismus« der kurdischen Guerilleros und Terroristen um ABDULLAH ÖCALAN, den Führer der so genannten Arbeiterpartei Kurdistans (PKK), Vorschub geleistet. Das Staatssicherheits-Gericht in Istanbul klagte Yaşar Kemal förmlich an und verhandelte gegen ihn. Dieses rüde Vorgehen gegen den weltbekannten Autor gründete auf der restriktiven Verfassung des Jahres 1982, doch hatte Yaşar Kemal auch in den Jahrzehnten davor immer wieder die Bekanntschaft türkischer Gerichtssäle und Gefängnisse machen müssen. Solidaritäts-Bekundungen aus dem In- und Ausland sorgten jedoch dafür, dass sich der türkische Staat nicht noch schlimmer an dem Dichter vergehen konnte.

Yaşar Kemal ist ein Kind des türkischen Südens. Er stammt aus der Ortschaft Gökçeli/Hemite bei Adana und wuchs unter den ärmlichsten Verhältnissen auf. Adana ist das städtische Zentrum der äußerst fruchtbaren und heißen Çukurova, der Kilikischen Ebene, in der Reis und Baumwolle (pamuk) in großem Umfang angebaut werden. Durch die nahe gelegenen Taurus-Berge wird diese Region von der eher herben anatolischen Hochebene getrennt, so dass sie vom subtropischen Klima Syriens und Obermesopotamiens beeinflusst ist. Heißblütig und voller Gegensätze, kämpferisch und aufbrausend, doch zuweilen auch lethargisch sind ihre Bewohner.

Kemal, zur Hälfte kurdischer Abstammung, musste sich schon als Jugendlicher allein durch das Leben schlagen. Seine Familie war aus dem Osten Anatoliens, aus der Gegend des Van-Sees, wo die Vorfahren dem Stamm der Luvan angehört hatten, in den Süden gekommen. Er arbeitete zeitweise als Tagelöhner auf Reisfeldern und Baumwollplantagen, bevor er mit dem Schreiben begann. In der Erzählung »Teneke« (»Anatolischer Reis«) hat er auch eigene Erfahrungen aus seiner harten Jugendzeit verarbeitet. In den fünfziger Jahren betätigte er sich vornehmlich als Journalist in Istanbul, so für die angesehene Zeitung »Cumhuriyet« (»Die Republik«), die bis heute ein wichtiges Sprachrohr reformistischer, linker und laizistischer Kräfte geblieben ist, gleichwohl aber in jüngerer Zeit auch gegen Kemal den Vorwurf des »Nestbeschmutzers« erhoben hat. Aus dieser Zeit rührte auch die Freundschaft mit Aziz Nesin, der teilweise in denselben Blättern publizierte. Als Romanautor gelang Yaşar Kemal im Jahre 1955 der große Durchbruch, als er den ersten Teil von »Ince Memed« (»Der dünne, zarte Mehmet«) herausbrachte. Dieses Werk, in Deutschland unter dem Titel »Mehmet mein Falke« erschienen, machte den Schriftsteller schon wenige Jahre später weltberühmt, zumal der Roman in kurzer Zeit in fast alle wichtigen Kultursprachen übertragen wurde. Seit »Ince Memed« wird sein Verfasser auch immer wieder als Kandidat für den Literatur-Nobelpreis gehandelt.

In diesem Buch hat Yaşar Kemal sein Thema und auch die ihm gemäße Art der Darstellung gefunden. Anatolien, die Taurus-Berge und eben die heimatliche Çukurova sind die hauptsächlichen Schauplätze seiner Romane und Erzählungen. Erst später fand Kemal auch zu dem Thema Großstadt. Dabei geht es fast immer um den Zusammenprall von Reich und Arm, Herr und Knecht, sowie um den Kontrast zwischen der neuen Zeit und alten Traditionen. In »Ince Memed« findet der Dichter die Gelegenheit, seinen sozialen Protest zu artikulieren. Er tut das durch seinen Helden Mehmet, der als Sohn bitterarmer Leute, nachdem er seinen Peiniger Abdi Aga erschossen hat, »in die Berge geht« und dort zum

Räuber wird, zum Rächer der Enterbten, eine Art türkischer Robin Hood eben, mit dessen Abenteuern der Leser jederzeit mitfiebern kann. Mit Mehmet, dem gerechten Räuber, kann man mitleiden, durchaus im Sinne einer sozialen Katharsis. Meisterhaft wird das Milieu der Agas, der ausbeuterischen Grundbesitzer, mit den Vorstellungen und Nöten der armen Leute kontrastiert und konfrontiert. Deutlich wird, wie archaisch die Verhältnisse im türkischen Süden und Südosten noch vor einigen Jahrzehnten gewesen sind. Und der Verdacht verstärkt sich, so viel werde sich da seither nicht geändert haben. Die Bände »Die Disteln brennen« und »Das Jahr der vierzig Augen« schreiben die Geschichte vom zarten Mehmet fort.

In dem Prosa-Epos »Bin Boğalar Efsanesi« (»Das Lied der tausend Stiere«) hat Kemal einen Roman geschaffen, den ich besonders schätze. Er handelt vom unbarmherzigen Überlebenskampf des türkmenischen Nomadenstammes (yörükler) der Karaçullu in den Bergen des Taurus. Es ist eine Geschichte voller Realismus, elegischer Trauer, Poesie und innerer Auflehnung gegen einen gesellschaftlichen Wandel, der doch unvermeidlich ist, getaucht in die zuweilen doch recht herbe Glut des türkischen Südens. Als Schilderer dieses Südens erweist sich Kemal auch als ein bedeutender Vertreter einer Richtung in der türkischen Literatur, die als Regionalismus bezeichnet worden ist, das heißt die die Menschen und Probleme einer ganz bestimmten Landschaft der Türkei thematisiert.

Ein zweites Thema Yaşar Kemals ist die literarische Verarbeitung anatolischer Mythen und Erzählungen des einfachen Volkes, wie es zum Beispiel in der »Ararat Legende« (»Ararat Efsanesi«) geschehen ist. Immer wieder tauchen Sagen und Legenden auf, in praktisch allen Romanen und Erzählungen. In dem Istanbul-Roman »Auch die Vögel sind fort« rankt der Autor seine gesamte Handlung um eine alte Volksweisheit. Es ist das erste Mal, dass er sich überhaupt dem Stoff »Istanbul« widmet. Die Hervorhebung des Mythischen verweist auf die uralten Wurzeln von Kemals Erzählen: In seiner autobiographischen Aufzeichnung »der Baum des Narren«, einem umfangreichen Frage- und Antwortspiel mit dem französischen Schriftsteller Alain Bosquet, nennt er neben den alten mündlich tradierten kurdischen Epen und der türkischen Volksdichtung auch die beiden großen Epen Homers als Vorbilder. Noch heute könne er ganze Partien dieser Dichtungen auswendig. Darüber hinaus haben ihn Cervantes, Stendhal, Tolstoj, Dostojewskij, Tschechow und Faulkner besonders beeinflusst. Den Don Quichotte bezeichnete er als sein Lieblingsbuch, was man verstehen kann, wenn man »Ince Memed« kennt. Auch in dem populären Roman »Deniz küstü« (»Spiel des Meeres«) bildet Istanbul den Hintergrund der Handlung.

Worin liegt die Bedeutung Yaşar Kemals für die türkische Literatur des 20. Jahrhunderts? Er schafft eine künstlerische, gleichwohl volksnahe, das heißt dem Volk jederzeit verständliche Sprache, die er in den Dienst sozialer Verantwortung stellt. Diese Verantwortung hat in einem Land wie der Türkei, das auf fast allen Feldern erst noch den Anschluss an die europäischen Vorbilder finden muss, einen ganz anderen Wert, als in den materiell übersättigten Gesellschaften des Westens, die gerade mit den mannigfachen Auswirkungen dieser Übersättigung zu kämpfen haben. Die politisch linke Position ist bei diesem Autor auch stärker durch die persönliche Herkunft als durch bewusste ideologische Prägungen zu erklären. Kemal hat nicht das Zeug zum Theoretiker. Weltanschaulicher Dogmatismus ist diesem Schriftsteller weitgehend fremd. Auch sein Stil ist alles andere als ausgepicht oder gar raffiniert. Inhalt und Form stimmen auf glückliche Weise zusammen. Auch wenn Kemal nicht der bedeutendste Autor der türkischen Gegenwartsliteratur sein mag, so ist er doch einer ihrer wichtigsten und der im Ausland bekannteste allemal.

Ein typischer Autor des Regionalismus ist HALIKARNAS BALIKÇISI (1890–1973), der eigentlich Musa Cevat Şakir Kabaağaçli hieß, sich jedoch das Pseudonym »Der Fischer von Halikarnass« zulegte. Er entstammte einer angesehenen Familie in Istanbul. Im Jahre 1925 wurde er wegen eines regierungskritischen Artikels in die südwestliche Ecke der Türkei, nach Bodrum, dem antiken Halikarnassos, verbannt. Der Journalist blieb dort für den Rest seines Lebens und begann Bücher zu verfassen, deren Mehrzahl sich mit der Region, das heißt mit den antiken Landschaften von Karien und Lykien, beschäftigt. Dadurch wurden Bodrum und Lykien, die bis dahin ein zurückgebliebenes Dasein geführt hatten, in den Mittelpunkt des Interesses gerückt. Als die Welle des Tourismus einsetzte, arbeitete Halikarnas Balikçisi selbst als Fremdenführer. In seinen Büchern, die in einfachem, gut lesbarem Stil gehalten sind, schildert er die Geschichte Lykiens und Kariens, aber auch des angrenzenden Anatolien (»Merhaba Anadolu« – »Grüß Gott,

Anatolien«). Balıkçisi wird in den türkischen Literaturgeschichten als »tarihçi yazar« bezeichnet, was man als »historischen« oder »historisierenden Schriftsteller« wieder geben könnte. Beliebte historische Romane sind seine Bücher über die großen osmanischen Seefahrer wie Turgut Reis, die im 16. Jahrhundert, teilweise von der türkischen Südküste, aber auch von Nordafrika aus das Mittelmeer beherrschten.

Zu den politisch eher konservativen Autoren, die sich gleichwohl mit der Welt der kleinen Leute in einer Epoche des steten Wandels beschäftigen, gehört Tarık Buğra. Vor allem die Konservativen, die nach dem Militärputsch vom 12. September 1980 einen Siegeszug ohne Beispiel erlebten, verehren ihn als bedeutenden Prosaisten; doch ist sein Ruf im Grunde unbestritten. Der Autor, der auch für die konservative Zeitung »Tercüman« Kommentare schreibt, möchte selbst gar nicht, dass über seine Person ein politischer Streit geführt wird, er will einfach schreiben; doch kann er es auch nicht verhindern. Erste Anerkennung fand Tarık Buğra mit der längeren Erzählung »Unser Sohn« im Jahre 1949, einer psychologisierenden Variante des Themas vom »verlorenen Sohn«, jedoch ganz ins Weltliche gewendet. Auch mit Theaterstücken hat der 1918 in Akşehir geborene Autor von sich reden gemacht. Sein Roman »Küçük Ağa« (»Der kleine Herr«) jedenfalls ist ein Meisterwerk, das ungeachtet der politischen Kategorien von links und rechts allenthalben Anerkennung gefunden hat. Dies gilt auch für die längeren Arbeiten und Erzählungen von Autoren, die in der Türkei vielen bekannt sind, außerhalb jedoch allenfalls in der einen oder anderen Anthologie erscheinen: KEMAL BILBAŞAR (1910–1983), FAIK BAYSAL (geb. 1918), VÜS'AT O. BENER (geb. 1922), OKTAY AKBAL (geb. 1923), TAHSIN YÜCEL (geb. 1933), ORHAN HANÇERLIOĞLU (geb. 1916), SUNULLAH ARISOY (geb. 1925) oder die Schriftstellerin NEZIHE MERIÇ (geb. 1925), über deren Person und Werk noch im Zusammenhang mit dem Auftreten weiblicher türkischer Autoren zu reden sein wird.

Humor und Satire

Realismus im Gewand von Humor und Satire hat in der Türkei eine lange Tradition, die weit in die osmanische Epoche zurückreicht. Die bekanntesten modernen Vertreter sind HALDUN TANER (1915–1986) und der oben erwähnte, inzwischen weltbekannte Aziz Nesin. Während Ersterer vor allem das türkische Theaterleben bereichert hat, wirkte Letzterer besonders durch seine satirischen, bisweilen sarkastischen Romane und Erzählungen. Auch war Nesin ein Meister der Kurz- und »Kürzest«-Geschichte. Doch auch Haldun Taner hat Prosaarbeiten vorgelegt, die bleiben werden. Mir will manchmal scheinen, als sei in ihm der Geist eines HÜSEYIN RAHMI GÜRPINAR (1864–1944) wieder erstanden, der nach der Jahrhundertwende durch humoristische, stilistisch oft flüchtig gehaltene Erzählungen (»Iki Hödüğün Seyahati« – »Die Reise der beiden Schlingel«; »Mürebbiye« – »Die Erzieherin«) bekannt wurde. Taner ist freilich sprachlich und stilistisch viel durchgeformter als sein älterer »Bruder« im humoristischen Istanbuler Geist, Hüseyin Rahmi. Von den vier Prosasammlungen Taners ist die bekannteste »Şişhaneye Yağmur Yağiyordu« (»Es regnete auf Schischhane«) mit insgesamt zehn Kurzgeschichten, unter ihnen »Fräulein Haubold'un Kedisi« (»Die Katze Fräulein Haubolds«), eine Frucht der Deutschland-Aufenthalte des Autors, sowie die witzige Titelgeschichte, in der das Schicksal eines Pferdes der Müllabfuhr in einem Istanbuler Viertel mit dem Schicksal mehrerer handelnder Personen parallelgesetzt wird. Dabei spielt der Autor mit der Vorstellung, dass ein Pferdeauge alle Gegenstände seiner Umgebung mindestens eineinhalbfach oder doppelt vergrößert wahrnimmt. Die Erzählung »Es regnet auf Schischhane« hat in deutscher Übersetzung, unter anderem von Annemarie Schimmel, einen relativ hohen Bekanntheitsgrad erlangt.

Der Schriftsteller wurde 1916 in Istanbul geboren, ist also ein Kind jener zwanziger und dreißiger Jahre, in denen die Türkei in die europäische Moderne hineinkatapultiert werden sollte. Im Unterschied zu vielen seiner Vorbilder unter den türkischen Schriftstellern hat Haldun Taner die Zerfallszeit der letzten Osmanen-Jahre nicht mehr bewusst miterlebt. Er ist ganz von der Republik geprägt worden. Er wandte sich früh dem Westen zu, mit dessen Kultur und vor allem Literatur er unter anderem während seines Studiums der

Politischen Wissenschaften in Heidelberg bekannt wurde. Nach seiner durch den Zweiten Weltkrieg und eine schwere Lungenerkrankung erzwungenen Rückkehr in die Türkei studierte er in seiner Vaterstadt Germanistik. Später folgte ein Studien-Aufenthalt in Wien, bei dem sich Taner mit der Theaterpraxis, mit Fragen der Dramaturgie und Regie im Westen vertraut machte. Dies kam seiner Technik als »playwright« jederzeit zugute.

Seine Erzählungen und Kurzgeschichten zeigen humorvolles, zuweilen augenzwinkerndes Verständnis für den Menschen, seine Stärken und Schwächen. Taner ist kein fanatischer Rebell, sondern weiß um die Vergeblichkeit gerade der intensivsten Bemühungen, den Menschen zu bessern und zu lehren. Verbessern kann man allerdings Institutionen, die ungerecht sind, oder Sitten, die sich als überholt oder töricht erwiesen haben. Doch Haldun Taner neigt nicht so schnell dazu, den Stab über jemanden zu brechen. Er spießt Unstimmigkeiten und Ungereimtheiten im Leben der Menschen auf und kommentiert sie heiter bis ironisch. Taner gehörte auch zu jenen Autoren, die sich als Vermittler zwischen ihrem Land und Deutschland verstanden, und zwar schon zu einer Zeit, als noch nicht zwei Millionen Türken in der Bundesrepublik lebten. Immer wieder lieferte er Beiträge für deutsche Journale, die – wie etwa Merian – Wissen über die Türkei und ihre Menschen verbreiten wollen. Es bereitete ihm große Freude und Genugtuung, dass sein Theaterstück »Keşanli Ali Destani« (»Die Ballade von Ali aus Keschan«) am 23. April 1981 im Ernst Deutsch-Theater zu Hamburg aufgeführt wurde. Taner gehört zu den wenigen Stückeschreibern seines Landes, die auch außerhalb ihrer Heimat auf Bühnen vertreten sind. Darüber hinaus zählt er zu den besten türkischen Dramatikern und ist auch als Essayist von Bedeutung. Seine Prosa ist originell, ohne gesucht zu sein, verständlich, ohne flach zu werden. Schließlich und endlich war Taner ein typischer Istanbuler Effendi alten Stils: ein wenig fromm, tolerant, dem Leben und seinen Genüssen durchaus zugewandt, multikulturell interessiert, städtisch-urban und witzig.

Der führende Satiriker der Epoche freilich war Aziz Nesin, 1915 ebenfalls in Istanbul geboren und 1995 in Izmir gestorben. Nesin ist der mit Abstand populärste Autor der Türkei, dessen Werke zuletzt Auflagen in den Hunderttausenden erreichten. Dies hing auch mit politischen Schwierigkeiten des Autors zusammen, die in den Jahren vor dem Tod des Dichters im europäischen Ausland publik wurden. Nesin hat auch Stücke und Gedichte geschrieben, doch seine eigentliche Domäne waren der satirische Roman und die Kurz-Satire. Aziz Nesin hat, nach jüngsten Zählungen, 110 gedruckte Werke hinterlassen, der – offenbar umfangreiche – Nachlass ist noch nicht kritisch gesichtet worden. Angesichts der geradezu phantastischen Popularität des Schriftstellers bei seinen Landsleuten ist es einigermaßen verwunderlich, dass ihn das Ausland lange Zeit nicht so recht zur Kenntnis nahm. Dies änderte sich allenfalls in der letzten Dekade seines Wirkens, ein Erfolg vor allem seiner Gegner und Feinde, die allerdings das schlichte Gegenteil erreichen wollten. Im Sommer 1993 wäre der Dichter nämlich fast Opfer der islamischen Fundamentalisten geworden, die er, der geschworene Sozialist und Aufklärer, zeit seines Lebens bekämpft hatte. In der ostanatolischen Stadt Sivas, einem Zentrum der islamischen Eiferer, hatten sich Schriftsteller und Intellektuelle versammelt, um des alevitischen Dichters PIR SULTAN ABDAL aus dem 16. Jahrhundert zu gedenken. Schon einige Tage zuvor hatten fundamentalistische Einpeitscher Stimmung gegen diese Veranstaltung gemacht, und Aziz Nesin war ein bevorzugtes Ziel ihrer feindseligen Attacken gewesen.

Die Aleviten stellen etwa ein Fünftel der türkischen Bevölkerung. Sie hängen nicht, wie die Mehrheit der Bevölkerung, dem orthodox-sunnitischen Islam an, sondern sind heterodoxe Schiiten mit einer recht freisinnigen Theologie, die nach der Meinung der Sunniten mit dem Islam nur noch wenig zu tun hat. Die Aleviten kennen keine Moscheen, sondern eigene Gemeindehäuser, in denen sie die Zeremonie des Cem abhalten, religiöse Sitzungen, an denen Mann wie Frau gleichberechtigt teilnehmen. Die Aleviten verehren den Propheten Mohammed, darüber hinaus die zwölf schiitischen Imame, die ihnen Vorbilder in der Lebensführung sind, sowie HACI BEKTAŞ VELI, den mittelalterlichen Stifter ihres Bekenntnisses. Im Allgemeinen neigen die Aleviten als diskriminierte Minderheit dem linken politischen Spektrum zu und sind überzeugte Laizisten, da sie sich nur auf der Grundlage eines weltlichen Staates in ihrem Anders-Sein entfalten können. Nesin, der sich offen als Atheist bekannte, hat gleichwohl aus diesen Gründen immer die Aleviten und ihre Traditionen unterstützt.

Die Unruhen von Sivas erreichten ihren Höhepunkt, als Fanatiker am 2. Juni 1993 das Hotel anzündeten, in dem die Intellektuellen untergebracht waren und ihren Kongress abhielten. 37 Menschen kamen damals ums Leben, Aziz Nesin wurde fast wie durch ein Wunder gerettet.

Der Skandal wurde jedoch noch größer, als sich Sprecher der Regierung nicht etwa hinter den Schriftsteller stellten und den Angriff als das bezeichneten, was er war – ein brutales, menschenverachtendes Verbrechen –, sondern ihm auch noch vorwarfen, er habe durch sein Verhalten die Fundamentalisten provoziert. Dies war, unter anderem, ein mehr als deutlicher Hinweis darauf, dass Aziz Nesin die Übertragung von Salman Rushdies skandalträchtigem Roman »Die Satanischen Verse« ins Türkische gefördert hatte, das heißt die Publikation eines Buches, dessen Erscheinen auch in der laizistischen Türkei vom »Religionsminister« als nicht erwünscht bezeichnet worden war.

Aziz Nesin hat tatsächlich sein Leben lang provoziert. Darin sah er eine seiner wesentlichen Aufgaben als Autor – nicht als Selbstzweck, sondern um der Menschenrechte und der Demokratie willen. Das war schon so, als er in den dreißiger und vierziger Jahren satirische Zeitschriften herausgab. Immer wieder mussten sie ihr Erscheinen einstellen, um dann unter neuem Namen wieder herausgegeben zu werden: Markopaşa, Malumpaşa und so weiter. Die Zahl seiner Inhaftierungen und der Ermittlungen gegen ihn geht in die Hunderte, wie einer seiner Bewunderer und Übersetzer ins Deutsche, der Lyriker und Literaturhistoriker YÜKSEL PAZARKAYA (geb. 1940), bemerkt. Doch all diese Nachstellungen von Seiten des Staates, zu denen sich später private Morddrohungen gesellten, konnten den unabhängigen Geist des Schriftstellers nicht brechen.

Unter seinen satirischen Erzählungen und Romanen ragen einige besonders heraus, so dass man sie nicht nur summarisch behandeln sollte. Im Jahre 1996 hat Pazarkaya eine Blütenlese der besten Satiren aus den vergangenen fünfzig Jahren unter dem Titel »Ein Verrückter auf dem Dach« in der neugegründeten »Orientalischen Bibliothek« des Verlages C.H. Beck versammelt. Pazarkaya, ein persönlicher Freund Nesins, wird wohl auch Teile des umfangreichen literarischen Nachlasses des Dichters betreuen. Ein anderer Teil der nachgelassenen Werke Nesins bedarf wohl eines gestandenen Osmanisten als Herausgeber und Bearbeiter, denn Aziz Bey – ich verdanke diese Information der führenden deutschen Turkologin Petra Kappert – hat viele seiner Aufzeichnungen in der alten arabisch-osmanischen Schrift niedergelegt. Ist das Traditionsbewusstsein eines Tabu-Brechers Ironie des Schicksals oder reale Satire?

Die Satire hatte schon bei den Osmanen eine lange Tradition. Gelegentlich wurden Satiriker sogar Opfer ihrer Gattung, vor allem, wenn sie sie zu vollendet beherrschten wie der berühmte osmanische Poet ÖMER NEF'I, der im frühen 18. Jahrhundert wegen satirischer Angriffe auf den Sultan hingerichtet wurde. Er hatte mehrere Warnungen zuvor in den Wind geschlagen. Schon die osmanische Satire speiste sich vor allem aus dem volkstümlichen, oft bizarren Humor, für den auch die Anekdoten um den »türkischen Eulenspiegel« NASRETTIN HOCA stehen. Dieser Nasrettin, dessen Legenden alle türkischen Völker für sich beanspruchen, war freilich viel aggressiver, als es die Bezeichnung »Eulenspiegel« nahe legt. Etwas von dieser verbalen Angriffigkeit gehört zu vielen Texten von Aziz Nesin. Die erste deutsche Übertragung von Erzählungen Nesins erschien 1962 unter dem Titel »Der unheilige Hodscha« und vermittelte schon einen guten Einblick in die Arbeit dieses Autors, der damals – zu Beginn der Einwanderungswelle türkischer »Gastarbeiter« – als einsame Stimme aus der Türkei nach Europa herüberdrang. Mittlerweile sind, neben den bereits angeführten Arbeiten, einige besonders charakteristische Werke Nesins in deutscher Sprache vorgelegt worden, so der Roman »Tek Yol« (»Der einzige Weg«) und »Surname« (»Surname. Man bittet zum Galgen«). Beliebt wurde der Autor vor allem mit dem Roman »Zübük«, einer geschliffen formulierten Gaunerkomödie, die dem Schriftsteller Anlass bietet, das Spießertum einer anatolischen Kleinstadt an den Pranger zu stellen. Schilda lässt grüßen!

Als »surname« bezeichnete man im Osmanischen Reich ein hagiographisches, meist lobhudelndes Festgedicht zum Lob der Sultans-Familie, etwa aus Anlass einer Prinzen-Hochzeit (nikah) oder einer Beschneidungs-Zeremonie (sünnet), die auch mit umfangreichen Feierlichkeiten und Festlichkeiten für das Volk einherging. In dem kleinen, aber bissigen Roman hat Aziz Nesin aus Anlass der öffentlichen Hinrichtung des Barbiers Hayri, der zum Mörder wurde, eine Satire auf die Justiz einer Demokratie verfasst, die Hinrichtungen bis in die sechziger Jahre noch als Volksfeste und allgemeine Belustigungen, gewissermaßen als Augenschmaus inszenierte und zelebrierte.

Das Buch ist jedoch nicht nur eine Anklage gegen die Todesstrafe, sondern auch gegen eine ungerechte, gänzlich bürokratisierte und unmenschlich gewordene Justiz. Widersprochen wird entschieden der Vorstellung, dass eine solche Justiz die Menschen bessern und auf den Pfad der Tugend zurückführen könne.

Schriftstellerinnen

Das Gleichheitsgebot der Moderne verbietet es eigentlich, weiblichen Autoren in theoretischen Abhandlungen über Literatur einen eigenen Abschnitt zu widmen; und auch die Literatur selbst tut das, denn es gibt, legt man den Maßstab der Qualität zu Grunde, nur gute oder schlechte Literatur, sei sie von Männern oder von Frauen geschrieben. Wenn im folgenden Abschnitt nur Schriftstellerinnen behandelt werden, so geschieht dies aus zwei Gründen: Einmal hat sich in der Türkei, wie anderswo, gezeigt, dass schreibende Frauen einen spezifisch geprägten, etwas anderen Blick für die Welt, für ihr eigenes Geschlecht und seine Schwierigkeiten haben als Männer; zum andern hat sich in den zurückliegenden Jahrzehnten geradezu eine literarische Explosion unter den Schriftstellerinnen des Landes ereignet. Anders als in der Lyrik, wo die Männer noch immer weitgehend die unumstrittene Führung innehaben (aus Gründen, die nach wie vor Rätsel aufgeben, denn Frauen sind ja möglicherweise für lyrische Dichtung empfänglicher und begabter als Männer), ist der Türkei in den vergangenen Jahrzehnten eine Reihe von Prosa-Autorinnen erstanden, die den Vergleich mit ihren männlichen Kollegen nicht zu scheuen brauchen. Die Literatur ist eines jener Felder, wo die Emanzipation der Frau – in islamischen Ländern ohnehin schwierig genug – am besten gelungen ist – und in der Türkei mehr als in Iran oder in Arabien. Dies spricht deutlich für den kulturellen Abstand, der zwischen der Türkei und den beiden anderen großen Nationen des traditionellen Islams besteht.

Dieser Abstand vergrößerte sich schon im vorigen Jahrhundert erheblich, als nicht nur die ersten Frauenzirkel im Osmanischen Reich gegründet wurden, sondern auch die ersten weiblichen Autoren, die mehr als nur dilettierten, in der Öffentlichkeit der Gebildeten hervortraten. Am bekanntesten war wohl FATMA ALIYE HANIM (1862–1936), die Tochter des bekannten Politikers Cevdet Pascha. Sie war auch ein führendes Mitglied der ersten osmanischen Frauenvereinigung.

Stamm-Mutter der modernen türkischen »Frauen«-Literatur – ein Begriff, den wir allein im oben angedeuteten Sinn verstanden wissen wollen –, ist HALIDE EDIP ADIVAR (1884–1964). Sie kann als der Inbegriff der emanzipierten Türkin gelten, so dass es sich lohnt, etwas ausführlicher auf ihren Lebenslauf einzugehen.

Kurz nach der Jahrhundertwende beendete sie das Amerikanische Kolleg in Üsküdar im asiatischen Teil Istanbuls, studierte Philosophie, Soziologie und Mathematik bei bekannten Lehrern. Anschließend unterrichtete sie an Mädchenschulen in Istanbul, dann in Beirut (Libanon) und Damaskus (Syrien). Schon im Jahre 1910 – es war die Zeit der siegreichen Verdrängung des Sultans Abdulhamid II. durch die Jungtürken – debütierte sie mit dem kurzen Roman »Raik'in Annesi« (»Die Mutter Raiks«). Nach dem Ende des Ersten Weltkrieges, den sie zum großen Teil in den arabischen Provinzen des sterbenden Osmanenreiches zugebracht hatte, kehrte sie an die Universität Istanbul zurück, um westliche Literatur zu lehren. Am Unabhängigkeitskrieg unter Mustafa Kemal Atatürk gegen den Sultan und die Griechen nahm sie aktiv teil. Frucht dieses für eine Frau damals ungewöhnlichen Engagements ist der berühmte Roman »Ateşten Gömlek« (»Das Flammenhemd«), der – ebenso wie der schon 1912 erschienene Roman »Handan« – nicht nur stilbildend gewirkt hat, sondern auch viele Frauen zu größerer Selbständigkeit in ihrem Handeln angeregt hat. Nach Ausrufung der Republik reiste die Schriftstellerin oft an der Seite ihres Mannes, des Gelehrten und Schriftstellers ADNAN ADIVAR (1881–1955), durch Europa und Amerika. In die Türkei zurückgekehrt, wurde sie Professor für englische Sprache und Literatur in Istanbul und vorübergehend Abgeordnete von Izmir. Das politische Denken spielte in ihrem Leben immer eine überragende Rolle, auch wenn es in den Romanen und Erzählungen nicht ausdrücklich thematisiert wird. Sie teilte dieses Interesse ebenfalls mit ihrem Mann, der auch Abgeordneter in der Großen Türkischen Nationalversammlung war. Otto Spies stellte schon in den vierziger Jahren fest, stilistisch sei Halide Edip eindeutig von englischen Vorbildern geprägt.

Als Erweckerin der türkischen Schriftstellerinnen kommt Halide Edip eine überragende, schwerlich zu überschätzende Bedeutung zu, mag ihr teilweise pathetischer Stil, der sich auch aus den Zeitläuften erklärt, heute in manchem Punkt überholt sein. Die Lektüre ihrer Werke bleibt als Einblick in eine sich wandelnde Welt unter der Überschrift »Vom Kalifat zur Republik« zeitlos interessant.

In »Handan« wird auf ergreifende Weise das Schicksal einer jungen Frau kolportiert, deren Lebensglück an den patriarchalischen Verhältnissen ihrer Heimat zerbricht. Die »verbotene Liebe« der Romanheldin Handan scheitert.

Angesichts der herrschenden real-islamischen Verhältnisse in städtisch-bürgerlichen Kreisen war es fast selbstverständlich, dass die Autorin zunächst ein solches Frauenschicksal im Roman gestaltete, um anschließend zu weniger geschlechtsspezifischen Themen überzugehen – bei Beibehaltung des Frauen-Themas. Voll emanzipatorischen und republikanischen Eifers steckt der Roman »Das Flammenhemd«, in dem das Schicksal dreier Menschen auf dem Hintergrund des Befreiungskrieges unter Atatürk thematisiert wird. Sie beteiligen sich, wie die Autorin, alle aktiv an der Umwälzung, werden jedoch auch ihr Opfer. Halide Edip ist wohl die wichtigste Autorin in dem literarischen Dreigestirn, das von SUAT DERVIŞ (1905–1972) und HALIDE NUSRET ZORLUTUNA (1901–1984) vervollständigt wird. Allenfalls die ebenfalls in den ersten Jahren der Republik publizierende Erzählerin MÜFIDE FERID, Jahrgang 1903, mit ihrer Thematik des Befreiungskampfes könnte noch hinzugerechnet werden.

Gewissermaßen als Bindeglied zu den Autorinnen der jüngeren und jüngsten Generation können die beiden Schriftstellerinnen NEZIHE MERIÇ (geb. 1925) und LEYLA ERBIL (geb. 1931) angesehen werden. Beide sind auch in Deutschland nicht ganz unbekannt. Die ehemalige Istanbuler Lehrerin Meriç machte zum ersten Mal mit der Erzählsammlung »Bozbulanık« (»Grautrüb«) 1953 auf sich aufmerksam. Das Buch »Sevdican« (»Das Tor zur Hoffnung«) erschien in Deutschland früher als in der Türkei in einer Bühnenfassung. Ende der achtziger Jahre publizierte sie »Bir Kara Derin Kuyu« (»Ein tiefer schwarzer Brunnen«) und »Geheimnis«. Nezihe Meriç behandelt psychologisierend Frauengestalten, oft sind es Lehrerinnen, weil die Autorin mit deren Lebenswelt in der kemalistischen Türkei vertraut ist. Sie ist insgesamt wohl als eher traditionelle Erzählerin zu betrachten. Leyla Erbil, ebenfalls aus Istanbul stammend, arbeitete als Dolmetscherin und Übersetzerin, bevor sie mit eigenen Werken an das Licht der literarischen Öffentlichkeit trat. Die Titel der Bücher, etwa »Tuhaf Bir Kadın« (»Eine seltsame Frau«), verraten deren Thematik. Identität und Selbstverständnis der türkischen Frau inmitten einer männlich dominierten Gesellschaft, Reflexion und Selbstreflexion (»Der Spiegel«) über weibliche Eigenart und wie man mit ihr lebt. Ihr erster Erzählband mit dem Titel »Hallaç« (»Umgekrempelt« oder auch: »Das Unterste zuoberst«) ist stark von französischen und amerikanischen Autoren des Existenzialismus (varoluşçuluk) beeinflusst. Leyla Erbil kämpft als entschiedene Feministin gegen den »Osmanismus« der traditionellen türkischen Familie. Der innere Monolog ist ihr als Stilmittel nicht fremd.

Die letzten drei Jahrzehnte der türkischen »Frauenliteratur« sind eindeutig von fünf Schriftstellerinnen beherrscht worden, von denen zumindest drei auch im Ausland bekannt wurden: SEVGI SOYSAL (1936–1976), AYSEL ÖZAKIN (geb. 1942), FÜRUZAN SELÇUK (geb. 1935), PINAR KÜR (geb. 1943) und TOMRIS UYAR (geb. 1941), die Frau des Romanciers und Dichters TURGUT UYAR (1927–1985), der vornehmlich mit lyrischen Dichtungen hervorgetreten ist (s. Teil 2). Die begabteste von ihnen war vielleicht die im Alter von nur vierzig Jahren verstorbene Sevgi Soysal, deren schmales Werk (drei Erzählbände, drei Romane und ein Band Erinnerungen) für viele zum Vorbild wurde, zumal persönliche Lebensfragen und politisch-gesellschaftliches Engagement in den Romanen und Erzählungen von Sevgi Soysal glaubhaft miteinander verknüpft wurden.

In der bekannten Erzählung »Barış Adlı Çocuk« (»Ein Kind namens Frieden«) gestaltet Sevgi Soysal ihre Erfahrungen aus dem türkischen Gefängnis. Im Zusammenhang mit der Militärintervention von 1971 war sie in die Mühlen der Justiz geraten. Diese Prosaskizze wirft auch ein bezeichnendes Licht auf das Unvermögen der türkischen Linken und Marxisten, ihre ideologischen Grabenkämpfe zu beenden; selbst in der Gefängniszelle unter inhaftierten Frauen dauern diese erbitterten Fehden fort.

Mit dem frühen Buch »Yürümek« (»Marschieren«) hatte Sevgi Soysal sich wegen der sexuell-freimütigen Sprache den Vorwurf der Pornografie gefallen lassen müssen, eine Anschuldigung, die in einem Land wie der Türkei, in der der Islam nie aufgehört hat, bis in die Familien hinein die Verhaltenscodices in fast allen Einzelheiten zu regeln, sehr schnell gegen Autoren vorgebracht werden kann. Der Roman beschäftigte sogar das Parlament in Ankara, die Große Türkische Nationalversammlung, wo es zu heftigen Zusammenstößen zwischen konservativ-beharrenden und eher fortschrittlichen Kräften kam.

Füruzan Selçuk hat sich ebenfalls bevorzugt des Frauenthemas angenommen. Sie schildert die Umstände der Frauen aus der Unterschicht, gelegentlich auch derjenigen des Halbwelt-Milieus, Gegenstände, die bis dahin in der türkischen Literatur tabuisiert gewesen waren. Auch alte Frauen, die vom Leben schwer gezeichnet sind, geraten in das Blickfeld der Autorin. Manche Kritiker bescheinigen ihr einen zuweilen recht sorglosen Umgang mit der Sprache, doch werden ihre Geschichten viel gelesen.

Aysel Özakin schreibt mittlerweile in Türkisch und in Englisch, steht damit für eine Tendenz, die sich in den vergangenen dreißig Jahren immer stärker bemerkbar gemacht hat und mit der Migration der Türken nach Mittel- und Westeuropa (oder Amerika) zusammenhängt. In dem kurzen Roman »Mavi Maske« (»Die Blaue Maske«) widmet sich auch diese Autorin vornehmlich Fragen der Beziehung zwischen Mann und Frau, Problemen moderner Partnerschaften in einer in vielem noch traditionellen, gleichwohl sich wandelnden Welt. In »Glaube, Liebe, Aircondition« schildert sie ihre bewegte Kindheit und Jugend in der Türkei. Ihre letzten Arbeiten sind ausnahmslos in Englisch verfasst, obschon man Aysel Özakin nicht der Diaspora-Literatur (gurbet edebiyati, siehe unten) zurechnen kann, denn sie kehrt in ihren Geschichten immer wieder in die Türkei als Schauplatz zurück. In ihrem jüngsten auf Deutsch erschienenen Roman »Die Zunge der Berge« erzählt sie von einer Türkin Leyla, die zu ihrem Geliebten nach Jugoslawien flüchtet, in das Kosovo, wo mit den Albanern gleichfalls Muslime leben. Aber auch dort – es herrscht noch das sozialistische Regime – wird das Zusammenleben zu einem Balanceakt zwischen Traditionen und selbstbestimmter Moderne. Dieser Roman erschien zuerst auf Englisch.

Der Reigen bekannter Schriftstellerinnen mag abgerundet sein mit zwei Namen, die mehr und mehr auch außerhalb der Türkei bekannt zu werden beginnen, ADALET AĞAĞLU und LATIFE TEKIN. Die in Kayseri, in der geographischen Mitte der Türkei im Jahre 1957 geborene Latife Tekin, gehört zu den ambitioniertesten jungen Schriftstellerinnen. Mit ihrem Erstling »Sevgili Arsiz Ölüm« (»Geliebter schamloser Tod«) gelang ihr im Jahre 1983 auf Anhieb der Durchbruch bei den Kritikern. Weithin bekannt und arriviert ist hingegen Adalet Ağağlu, die auch eine Generation älter ist (geb. 1929).

Der Höhepunkt der Dorfliteratur

Als Höhepunkt der Dorfliteratur, gleichzeitig als ihre Überwindung und Aufhebung im Sinne Hegels kann der bekannteste Roman von FERIT EDGÜ (geb. 1936), »O« (»Er« oder »Jener«), gelten. Edgü ist Istanbuler. Er studierte zunächst an der Akademie für Schöne Künste, um dann sechs Jahre Pariser Luft zu schnuppern. Seine erste Geschichte erschien 1954. Sein preisgekrönter Roman »O« kam 1977 heraus und wurde bald in andere Sprachen übersetzt, nicht zuletzt, weil sein Thema wegen der Kurden-Thematik auch politisch immer relevanter wurde. Unter dem Titel »Hakkari'de Bir Mevsim« (»Eine Saison in Hakkari«) wurde der Stoff des Romans auch in einen erfolgreichen Kinofilm verwandelt, zu dem der Erzähler ONAT KUTLAR (geb. 1936) das Drehbuch schrieb.

Ausgangspunkt dieses Werkes ist tatsächlich die Dorfliteratur. Wie Mahmut Makal und Fakir Baykurt war auch Ferit Edgü eine zeitlang Lehrer und wurde in den wilden Osten der Türkei, in das Kurdengebiet nahe der irakischen und iranischen Grenze versetzt.

So geschieht es auch dem Helden des Romans, einem Istanbuler Intellektuellen, der eine Jahreszeit – ausgerechnet den Winter – in der eingeschneiten Provinz Hakkari verbringen muss. Die Kluft, die er dort vorfindet, könnte freilich nicht größer sein – zwischen ihm und den Menschen, den Dörflern, zwischen den Kindern der Kurden, die er zu unterrichten hat und die noch nicht einmal seine Sprache verstehen; zwischen der gewohnten städtischen und der ländlich-dörflichen Kultur, zwischen Natur und Stadt. Wer bin ich? wird nun die Frage, welcher der Protagonist nachspürt. Wer ist »Jener« oder »Er«, nach welchem der Roman benannt ist?

Eine symbolische Ebene überlagert die Dorferzählung und erhebt sie zur Dichtung. »O« hat nicht nur einen sprachlichen Sinn, sondern auch einen enigmatisch vieldeutigen: soviel wie Null, oder, als arabische Ziffer, »Fünf«; dann ist es ein Kreis – Zeichen des Vollendeten – oder auch ein Auge, das beobachtet. Das Symbol, fast eine Art Mandala, steht für die Suche nach dem Selbst des Lehrers in einer fremdartigen, ja sogar feindseligen Umgebung. Mir will scheinen, als bestünden Parallelen zwischen Edgüs Roman und dem Jahrzehnte früher entstandenen Werk »Yaban« (»Der Fremde«) von Yakup Kadri Karaosmanoğlu, in dem ebenfalls die gebrochene Identitätssuche eines städtischen Intellektuellen unter Dörflern dargestellt wird, wenn auch in einem gänzlich anderen historischen und ethnischen Kontext.

Bemerkenswert ist auch die Sprache Edgüs. Sie changiert zwischen einer äußerst knapp gehaltenen Prosa und Passagen, die auch zu lyrischen Gedichten passen könnten. Einmal ist sie symbolisch verdichtet und verschlüsselt, dann wieder unmittelbar ausdrucksstark. Langzeilen wechseln sich mit Kurzzeilen ab, gemessene Prosasätze mit erregten Interjektionen. Insgesamt bevorzugt der Autor jedoch kurze Sätze; auch vom »stream of consciousness« eines James Joyce ist Ferit Edgüs Sprache geprägt. Der Roman soll ohne Zweifel in der türkischen Literatur etwas Neues darstellen, und das leistet er auch. Manche Seiten des Buches tragen nur vier, fünf oder sechs Zeilen, impressionistische »Haikus« über bestimmte Personen und Ereignisse der Handlung.

Charakteristisch ist schon der Anfang, in dem mit wenigen Worten der geographische wie politische Hintergrund des zu Erzählenden angedeutet wird:

Hak. kentim	H., meine Stadt
çileli gözlerin	deine leidgeprüften
cüzzamli derin	Augen
ve – kar ile devam eder adin.	leprös, tief
Irtifa binaltiyüz metre.	und der Schnee trägt deinen Namen weiter.
	Höhe tausendsechshundert
Nüfus onbin	Meter.
yarisi asker.	Einwohner zehntausend
	davon die Hälfte
	Soldaten.

Diese Eingangszeilen allein sind schon meisterhaft. Der politisch kundige Leser weiß sofort, wie es am Schauplatz der Erzählung, in der Provinz Hakkari, aussieht. Poesie verbindet sich mit nüchternen Angaben, wie sie sich auf allen Ortsschildern der türkischen Städte befinden: Höhe und Einwohnerzahl: »zehntausend, davon die Hälfte Soldaten« – das sagt eigentlich alles. Langwierige Schilderungen erübrigen sich. Auch ahnt man schon, dass der nach Hakkari verschickte Lehrer mit seiner Mission scheitern wird. Durchaus verändert kehrt er nach Istanbul, in die großstädtische Metropole, zurück.

Ferit Edgü hat mit diesem Roman im experimentellen Stil die gewissermaßen klassische Dorfliteratur so sehr überboten, dass sie im Grunde überflüssig geworden war. Gleichzeitig öffnete er die Pandora-Büchse für viele Autoren, die endgültig dazu übergingen, stilistische wie inhaltliche Experimente jenseits des vielbeschworenen Realismus zu machen. Edgü selbst wurde in späteren Romanen und Erzählungen immer mehr zum Experimentator, der herkömmliche Formen des Erzählens gänzlich überwand und zu losen, lockeren Formen der Textur, des Webens von Sprache, überging. In dem Roman »Eylülün Gölgesinde Bir Yazdı« (»Ein Sommer im Septemberschatten«) treibt Ferit Edgü die Collage-Technik voran. Biographische Texte beschreiben Bilder, Photographien, die sich zu erzähltem Schicksal überlagern und sich wechselseitig ergänzen. Das 1988 erschienene Buch sorgte für Aufsehen in der Türkei, wie fast alles, was Edgü geschrieben hat.

Einzelgänger und Avantgarde

Der größte Romancier und Erzähler unter den zeitgenössischen Prosaisten der Türkei ist der 1952 in Istanbul geborene ORHAN PAMUK, ein Absolvent des berühmten Robert College und der Technischen Universität seiner Heimatstadt. Mit seinem 1984 erschienenen Roman »Beyaz Kale« (»Die Weiße Festung«) wurde er auch bald im Ausland bekannt. Auf Deutsch erschien »Die Weiße Festung« in der herausragenden Übersetzung Ingrid Irens im Jahre 1990 und sorgte sogleich für jenes Aufsehen, welches das Buch auch in Pamuks Heimat erregt hatte. Dieses kleine, aber inhaltsschwere Buch – eine historische Parabel über die Begegnung und Auseinandersetzung zwischen islamischem Orient und christlichem Okzident – erschien gerade zur rechten Zeit, zu Beginn nämlich des sich ankündigenden »clash of civilizations«, den der an der Harvard-Universität lehrende Samuel P. Huntington für das kommende Jahrhundert vorausgesagt hatte. Orhan Pamuk selbst hat zwar in einigen Zeitungsgesprächen bestritten, dass sein Roman von diesen Themen handele; doch dass dem nicht so ist, macht bereits eine nur oberflächliche Lektüre des Werkes deutlich. Pamuk lehnt freilich ein Kreisen um Fragen der Identität oder Verschiedenheit ab und will lieber die verschlungenen

Pfade des Erzählens in seinen Werken herausgestellt wissen. Doch man kann schwer leugnen, dass – zumindest aus westlicher Sicht – wenigstens zwei seiner Romane mit den allbekannten Bildern spielen, die der Westen vom Orient und der Orient vom Okzident hat, mag man sie nun Klischees nennen oder verfestigte Urteile aus historischer Erfahrung. Ein ausdrücklicher »Vermittler« zwischen Ost und West will Orhan Pamuk, der eine zeitlang in Amerika türkische Literatur dozierte, nicht sein. Große Teile seines Romans »Kara Kitap«, in denen die Verhältnisse Istanbuls beschrieben werden, habe er in New York zu Papier gebracht. Seine »Identitätssuche« habe das weder beeinträchtigt noch beflügelt, sagt Pamuk.

Pamuk debütierte 1982 mit dem Roman »Cevdet Bey ve Oğulları« (»Dschewdet Bei und seine Söhne«) sowie anschließend mit »Sessiz Ev« (»Das stille Haus«). Mit dem umfangreichen Roman »Kara Kitap« (»Das schwarze Buch«) und mit »Yeni Hayat« (»Das Neue Leben«) errang er weitere Erfolge. Jede Veröffentlichung Pamuks macht Publikum wie Kritik hellhörig, und zwar unabhängig vom politischen Lager. Der Istanbuler ist ein Autor, dem man beim besten Willen nicht mehr mit dem Begriff »Realismus« allein gerecht werden kann. Er ist schwer einzuordnen. Dies gilt sowohl stilistisch als auch inhaltlich. Er ist ein Virtuose vieler Stile und Sprachen, geschult an vielen Vorbildern Europas und Amerikas wie der Türkei. Am deutlichsten zeigt dies sein »Schwarzes Buch«, das auf James Joyce als Vorbild verweisen mag oder gar auf Alfred Döblins »Berlin Alexanderplatz«, während die »Weiße Festung« noch herkömmlicher, im Stil einer historischen Erzählung verfasst ist.

Vordergründig ist dieser Roman denn auch zunächst eine Abenteuergeschichte, ein »historischer Roman«.

Ein Christ aus Florenz, der auch als Erzähler auftritt, gerät – möglicherweise nach dem Vorbild des spanischen Dichters Miguel Cervantes de Saavedra, dem dies widerfuhr – im 17. Jahrhundert in die Hand osmanischer Korsaren und wird nach Konstantinopel gebracht. Dort wird er Eigentum des Hodschas, eines typischen Exemplars seiner Klasse. Er wird dessen Diener. In der Türkei herrscht der schwache Sultan Mehmet IV., genannt »Avci«, der »Jäger«. Hodscha und westlicher Gelehrter werden sich ihrer Fremdheit bewusst, versuchen nichtsdestoweniger, für den Sultan verschiedene Aufgaben gemeinsam zu lösen. Bei dieser Arbeit werden sie sich immer ähnlicher. Größtes ihrer Projekte ist der Bau einer neuartigen Belagerungsmaschine, mit deren Hilfe die Weiße Festung gestürmt werden kann. Doch am Ende scheitert auch diese »Wunderwaffe«, Sinnbild für die militärischen Niederlagen der Türken, die gerade unter Mehmet IV. und dessen vergeblicher Belagerung Wiens im Jahre 1683 endemisch zu werden begannen. Nun kommt es zum Rollentausch, der nicht ohne politische Aussage ist. Der Leser erfährt, dass der Hodscha die Heimat des Christen, Florenz, besucht, während der Christ in Istanbul bleibt. Seine Aufzeichnungen werden im 20. Jahrhundert entdeckt und von einem Türken herausgegeben.

Mit diesem Kunstgriff ist der Bezug zur Moderne hergestellt. Die historische Fabel kann auf ganz neuem, eben zeitgenössischem Hintergrund gelesen und interpretiert werden. Der Autor hätte vermutlich nichts dagegen, wenn man die in dem Roman enthaltene Frage nach Identität und Rollentausch auch auf seine Person anwendete, denn er ist nun einmal, wie er selbst einmal über sich sagte, ein »Europäer in einem islamischen Land«.

Theoretisch von Bedeutung ist, dass Pamuk in glaubwürdiger Weise die osmanische Zeit mit der türkischen Moderne verknüpft, ohne diese Vergangenheit in der Weise der türkischen Fundamentalisten zu verklären oder sie zu verteufeln, wie das unter den Kemalisten geschehen ist. Der zeitgenössische türkische Intellektuelle ist nämlich in vielen Fällen ein Mensch ohne Eigenschaften, ohne geistige Vergangenheit, dem das osmanische Erbe staatlicherseits gründlich ausgetrieben wurde. Hier versucht Pamuk wieder anzuschließen, nicht auf der Ebene bloßer Folklore, sondern eines tieferdringenden Geschichtsverständnisses. Die Bücher Pamuks zeigen, dass er sich mit der Geschichte des Islam und der Osmanen gründlich beschäftigt hat.

Noch stärker wird die Einbeziehung osmanisch-islamischer Tradition und Kultur, wenn auch in säkularisiertem Gewande, in dem Roman »Das Schwarze Buch« sichtbar, der vielleicht einmal als das Opus Magnum des Autors gelten wird. Das Buch ist ein Traumspiel um das Generalthema der Suche. Zunächst der Suche Galips nach seiner Frau Rüya, die auf rätselhafte Weise verschwunden ist. Dritter im Bunde ist Celal, Kolumnist der Zeitung »Milliyet«. Der Name »Galip« erinnert an den osmanisch-mystischen Dichter ŞEYH GALIB (1757–1799), der in seinem berühmten Versepos »Hüsn ü Aşk« (»Schönheit und Liebe«) anhand eines Liebespaares die mystisch inspirierte Liebessuche des Menschen, des Sufis zumal, nach Gott gestaltete. »Celal« hingegen ist offenkundig eine Anspielung auf den rumseldschukischen Mystiker MEVLANA CELALETTIN RUMI (1207–1273), der im zentralanatolischen Konya lebte und in seinen Dichtungen ebenfalls die mystische Liebe besang. Sie gipfelte bei ihm in der Identifikation (»Rollentausch«) mit Schemsettin aus Täbris (Şems-i Tebrizi), seinem mystischen Geliebten, mit dessen Person er sich nach dessen Ermordung für identisch erklärte.

Auf der Suche nach Rüya – dieses türkische Wort bedeutet »Traum« – gerät Galip immer dichter in das Labyrinth Istanbuls, in dem er sich verstrickt. In den Zeitungskolumnen Celals entdeckt er immer häufiger Hinweise auf Rüya und ihr Verschwinden. Er vergräbt sich fast in diese Kolumnen, bis er eines Tages glaubt, er sei mit Celal identisch. Galib geht in dessen verwaistes Büro, setzt sich an den Schreibtisch und verfasst von nun an die Beiträge für die Zeitung. Celal wird erschossen aufgefunden, und auch die Leiche von Rüya, der so lange Gesuchten, taucht auf. Was sind die Hintergründe? Wer hat diese Untat getan?

Der Autor klärt nicht darüber auf. Wichtig ist, dass die Suche weitergeht (sie alleine ist der Sinn einer weitgehend sinnentleerten modernen oder postmodernen Existenz). Wichtig ist auch, dass Rüya und Celal verloren gehen, je stärker Galib nach ihnen sucht. Hat dies auch metaphysisch in diesem Roman-Vexier-Werk etwas zu bedeuten? Große Literatur zeichnet sich unter anderem dadurch aus, dass sie nicht eindeutig ist, sondern immer neue Wahrnehmungen ermöglicht. In diesem Sinne liefert Orhan Pamuk Literatur von bleibendem Wert.

Als Roman der Suche kann man auch »Yeni Hayat« interpretieren, ein Werk, das inzwischen ebenfalls in der Übertragung durch Ingrid Iren unter dem Titel »Das Neue Leben« auf Deutsch publiziert worden ist. Nach meinem Dafürhalten steht es für einen magischen Realismus, worauf schon das von Novalis stammende Motto des Romans hinweisen mag: »Die andern haben ja das Nämliche gehört, und keinem ist so etwas begegnet«, eine Sentenz, die dem Roman »Heinrich von Ofterdingen« entnommen ist. Schon der erste Satz des Werkes scheint Programm zu sein: »Bir gün bir kitap okudum ve bütün hayatim degişti« – »Eines Tages las ich ein Buch, und mein ganzes Leben veränderte sich.« Auch das ist Novalis. Der Ich-Erzähler Osman, ein Student der Architektur und des Ingenieurwesens (der Autor Pamuk studierte ebenfalls Architektur), wird mit der Studentin Canan bekannt, die – ebenso wie ihr Freund Mehmet – dasselbe Buch gelesen hat wie Osman. Eines

Tages, nachdem ein Mordanschlag auf Mehmet stattgefunden hat, ist sie verschwunden, und Osman sucht nach ihr wie auch nach der Welt dieses Buches, das immer wieder als Träger eines Lichtes bezeichnet wird. Mit Bussen fährt Osman durch Anatolien, wo es zu Begegnungen kommt, über deren Charakter man streiten kann. Sind sie Schein oder Realität? Das Buch ist aber auch Wirklichkeit, das heißt: Die Grenze zwischen Realität und Buch ist nicht fest gezogen, ist durchlässig und verschwimmt. So ist auch das Land, das der Autor zu erkunden sucht und das sich ihm durch abrupte Wechsel der Kontraste immer wieder entzieht. Was ist das überhaupt für ein Buch und wer hat es geschrieben? Ist es, im übertragenen Sinne, das Buch des Lebens, also eine Parabel, oder ein wirkliches Buch? Ist es so etwas wie der Koran? In Anatolien trifft der Held seine Geliebte wieder und reist mit ihr durch die Lande. Ein Bild der Türkei entsteht, das zwischen Vergangenheit und Zukunft, Fantasie und Realität, mystischer Entrückung der Derwische und trivialem Alltag, zwischen Fundamentalismus und weltlicher Verlockung hin- und herschwingt.

Zur gleichen Generation wie Orhan Pamuk gehört der originelle NEDIM GÜRSEL (geb. 1953), der sich ebenfalls eine Weile im Ausland aufgehalten hat, vor allem in Paris. Die Distanziertheit des Blicks scheint mehr und mehr zur künstlerischen Devise mancher Autoren zu werden. Gürsel stammt aus Gaziantep im tiefen, fast schon mesopotamischen Süden der Türkei nahe der syrischen Grenze, ist aber in Istanbul aufgewachsen, jener Stadt, der er mit dem Band »Sevgilim Istanbul« (»Meine Geliebte Istanbul«) eine skeptisch-poetische Huldigung dargebracht hat. Eine Fortsetzung findet das Istanbul-Thema in Gürsels Roman »Boğazkesen«, einem historischen Roman um die Eroberung Istanbuls durch die Osmanen, der 1997 auch auf Deutsch erschienen ist, und zwar unter dem Titel »Der Eroberer«. Boğazkesen, »Halsabschneider«, nennen die Türken bis heute jene Burg Rumeli Hisar, welche Sultan Mehmet Fatih kurz vor der Erstürmung Konstantinopels errichten ließ, um die Stadt von ihrem Hinterland und von den Seewegen abzuschnüren. Gürsel operiert in diesem historischen Roman mit den üblichen Zeitbrechungen der Moderne, indem er die historischen Vorgänge mit seinen Reflexionen über die Geschichte und über das Schreiben konfrontiert.

Der 1925 in Menemen geborene ATTILA ILHAN ist eigentlich Lyriker, hat sich jedoch in den letzten Jahrzehnten mehr und mehr um die Prosa bemüht. Wie in seinen Gedichten, baut er auch in den

Prosawerken einen eigenen geistigen Kosmos auf, dessen Hintergrund der historische Roman ist, eine Gattung, die oft zu Flachheiten neigt, zum bloß Narrativen. Bei Ilhan erfüllt der historische Roman indessen zwei Funktionen: Er reflektiert die Geschichte und er dient dem Autor dazu, die eigene Person zu verbergen und damit auch zu schützen. Es ist eine Art des Schreibens, hinter der sich der Autor zu Gunsten der historischen Protagonisten und Figuren verbirgt. Er experimentiert mit der Sprache, indem er, zumal im historischen Roman, dem Türkischen alte, osmanische Wörter und Sprachebenen zurückgibt. Vor allem in dem umfangreichen Werk »Dersaadet'te Sabah Ezanlari« (»Morgendliche Gebetsrufe am Tor der Glückseligkeit«, das heißt: Istanbul). Der Roman ist Teil eines erzählerischen Gesamtwerkes, das insgesamt fünf Romane umfasst, eine Pentalogie also unter dem Titel »Aynanin Içindekiler« (»Die im Spiegel«). Dazu gehören neben dem schon angesprochenen Roman über Istanbul »Bicağin Ucu« (»Auf Messers Schneide«), »Sirtlan Payi« (»Der Anteil der Hyäne«), »Taraya Tuz Basmak« (»Salz in die Wunden«) und »O Karanlikta Biz« (»Wir in jener Dunkelheit«). In dieser Pentalogie schreitet Attila Ilhan einen historischen Raum ab, der von der turbulenten osmanischen Jahrhundertwende über die kemalistische Epoche bis zum Ende der Ära Menderes reicht. Vor allem der vierte Band verwendet die osmanische Sprachebene des Türkischen, eine Technik, die Ilhan auch, wie im zweiten Teil zu schildern ist, in seinen Gedichten favorisiert.

Erwähnt werden sollten am Ende dieser Einführung auch noch die Namen einiger Autoren, die in der Türkei offenkundig nicht den Rang Pamuks, Edgüs, Nesins, Baykurts und anderer Größen einnehmen, aber mit ihren Erzählungen trotzdem in vorderster Reihe des türkischen Literaturlebens stehen: ILHAN TARUS (1907–1967), BILGE KARASU (geb. 1930), ERDAL ÖZ (geb. 1935), der interessanterweise als Autor von Kinderbüchern begann, SELIM ILERI, Jahrgang 1949, der – wie viele türkische Autoren – sehr vielseitig ist und auch mit etlichen Essay-Bänden an die Öffentlichkeit trat, sowie ÇETIN ALTAN (geb. 1926), ein Jurist und ehemaliger sozialdemokratischer Abgeordneter des Parlaments, der journalistisch tätig ist, aber auch mit Novellen (»Küçük Bahçe«) hervortrat, die in einigen europäischen Ländern Beachtung fanden. Altan ist auch Dramatiker, darüber hinaus ein kritischer Geist, der sich in seinen Zeitungs-Kolumnen in »Milliyet« mit allen anlegt, die nach seiner Auffassung für reaktionäre Gesinnung stehen.

Zusammenfassung

Am Ende unseres Streifzuges durch die Landschaft der modernen türkischen Prosaliteratur können wir auf jenen Vergleich zurückkommen, den wir zu Beginn unserer Ausführungen mit der arabischen und persischen Literatur gewagt haben. Alle drei großen Literaturen des islamischen Orients haben sich in diesem Jahrhundert von der Vormacht großer lyrischer Dichtung frei gemacht und der Prosa zu ihrem Lebensrecht verholfen. Einer zunächst stark lehrhaften, oft ideologisch befrachteten Periode des Suchens und Beginnens, die stark von Europa inspiriert war, folgte die Hinwendung zu verschiedenen Formen des Realismus, teilweise eine bewusste Ent-Poetisierung der Genres: die Entdeckung ganz neuer, vorher verachteter oder doch vernachlässigter Themen. Am Ende des 20. Jahrhunderts ist ein Abschied vom längst etablierten Realismus zu beobachten; er wird durch experimentelle Formen, durch Einflüsse westlicher Romantheorien und Autoren ersetzt. Verschiedene Erzählebenen, vielfache Brüche, Geschichten in der Geschichte, Psychologisieren, innerer Monolog, Existenzialismus, modische Gebrochenheit des Individuums, moderne und postmoderne Sinnfragen und vieles mehr bestimmen die Hauptströmungen der erzählenden Literatur. In der türkischen Literatur haben sich diese Elemente weitaus stärker durchgesetzt als in den beiden anderen großen Literaturen des Islam. Das mag damit zusammenhängen, dass sich die Türken auch weitaus mehr verwestlicht haben als ihre islamischen Nachbarvölker. Schriftstellerinnen, in der arabischen wie persischen Literatur noch eher selten, sind in der türkischen längst eine normale Erscheinung geworden. Um Leib und Leben zu fürchten brauchen sie wegen ihrer Werke nicht, auch wenn es hier und da einmal zu einem Skandal gekommen sein mag. Hier besteht sogar schon die Gefahr einer gewissen feministischen Eintönigkeit, die sich – wie seinerzeit bei der realistischen Schule – immer öfter in Wiederholungen des Gleichen erschöpft. Gefährlicher ist es da schon, eine grundsätzliche Kritik an den demokratischen Institutionen, an manchen Politikern und vielen Sitten des Landes zu üben – wie die Fälle von Aziz Nesin und Yaşar Kemal zeigen.

Die Türkei hat in den vergangenen zwei Jahrzehnten eine massive Rückkehr zu islamischen Wertvorstellungen erlebt, die sich auch im Erstarken islamisch orientierter politischer Kräfte wie der

»Heilspartei«, später der »Wohlfahrtspartei« manifestiert hat. In der Prosaliteratur dieser Jahre ist davon merkwürdig wenig zu spüren. Auch gibt es kaum Protagonisten einer »islamischen Revolution«, die in der belletristischen Literatur von sich reden gemacht hätten. In der Lyrik, wo der Islamismus einige Trommler islamischer Werte hervorgebracht hat, ist das anders. Allenfalls ein traditionelles Erzählen im Stile von SAMIHA AYVERDI (geb. 1906) hat islamisch-traditionelle Werte bis zum Ende dieses Jahrhunderts bewahrt. Doch dies hat mit dem aggressiven Fundamentalismus der letzten Jahre nichts zu tun.

Gesellschaftliches Engagement ist ein Merkmal der meisten türkischen Autoren. Die Schriftsteller begreifen sich spätestens seit der Tanzimat-Ära als das Gewissen der Nation, wobei Ausnahmen die Regel bestätigen. Diese Auffassung vom Schriftsteller wird die Türkei im Übergang zu einem neuen Jahrtausend dringend nötig haben, denn auf der Suche nach einem neuen Selbstverständnis sind Irritationen und Verwerfungen nicht ausgeschlossen. Die Lage des Landes zwischen Europa und Asien, zwischen Islam und christlicher Welt bleibt schwierig. Sie ist durch das Ende der Sowjetunion und durch die neu gewonnene Unabhängigkeit der türkischen Brüder im Kaukasus und in Mittelasien noch schwieriger geworden. Die Versuchung, sich auch in der Kultur wieder stärker pantürkisch zu geben, ist groß. Die Türkei muss sich auf einem kulturellen und politischen Terrain behaupten, das von Straßburg und Brüssel bis nach Taschkent reicht. Sich daran zu beteiligen, ist auch für ihre Schriftsteller keine einfache Aufgabe.

Ein noch junger Sonderzweig türkischer Literatur ist die Literatur der Diaspora, für die ich den Ausdruck »gurbet edebiyati« verwenden möchte. Sie ist vornehmlich in Deutschland lokalisiert, aber auch in anderen Ländern Europas oder Amerikas, doch lebt nun einmal der Löwenanteil der Türken in der Bundesrepublik. Aus der Menge von Autoren, die in und über Deutschland schreiben oder geschrieben haben, muss ein Schriftsteller erwähnt werden, der längst etabliert ist: ARAS ÖREN. Der 1939 in Istanbul geborene Autor lebte bis 1969 in seiner Heimatstadt, wo er seinen Lebensunterhalt als Theatermann und Dramaturg verdiente. Dann siedelte er nach West-Berlin über, wo er sich bald zum führenden Autor der in Deutschland lebenden Türken mauserte. Mit seinen Büchern »Was will Niyazi in der Naunynstraße?«, »Der kurze Traum aus Kağithane« oder »Deutschland, ein türkisches Märchen« behandelt er exemplarisch die Lebensumstände seiner Landsleute in der so anderen deutschen Gesellschaft. Fast alle seine in beiden Sprachen erschienenen Bücher behandeln im weitesten Sinne das Migranten-Problem, so auch der Kriminalroman »Bitte, nix Polizei«.

Viel unsensibler geht BEKIR YILDIZ dieses Thema an. Der 1933 im südostanatolischen Urfa (Şanliurfa) geborene Autor hat insgesamt nur vier Jahre in Deutschland zugebracht, in seinen Prosaarbeiten (zum Beispiel »Türkler Almanya'da« – »Die Türken in Deutschland«) aber oft ungerechte und vorurteilsbeladene Urteile über sein Gastland gefällt, die selbst türkischen Literaturkritikern als zu oberflächlich erscheinen. Sie haben aber das Deutschland-Bild der Türken in den vergangenen zehn Jahren nicht unerheblich geprägt, und zwar in negativer Weise. Seit seiner Rückkehr hat sich Bekir Yildiz mit Romanen und Erzählungen beschäftigt, die von den Menschen seiner südtürkischen, subtropischen Heimat oder von religiös-historischen Themen (»Ve Zalim ve Inanmiş ve Kerbela«) handeln. Letzteres Werk hat den Zusammenprall der frühislamischen Schiiten-Partei des Kalifen Ali Ibn Abi Talib und seiner Söhne Hasan und Hussein (Hüseyin) mit dem Kalifen von Damaskus zum Hintergrund. Das Thema Deutschland aber ist im Begriff, eine eigene Sparte der türkischen Literatur zu werden oder auch, sofern die Autoren Türken sind, aber deutsch schreiben, der deutschen. Wie sich diese Literatur, die vorerst noch eine Literatur der so genannten »Deutschländer« ist, weiterentwickeln wird und in welcher Weise sie in Zukunft auch auf die in der Türkei geschaffene Literatur Einfluss nehmen kann, vermag noch niemand zu sagen.

Zweiter Teil:

Der lange Abschied vom Diwan

Die Entwicklung der türkischen Lyrik

Die revolutionären Umgestaltungen in der türkischen Gesellschaft, über die wir im ersten Teil gesprochen haben, wurden naturgemäß auch in der lyrischen Dichtung des Landes sichtbar. In gewisser Weise war dieses literarische Genre, das in der türkischen Kultur – wie im Islam überhaupt – über Jahrhunderte hinweg am höchsten geschätzt worden war, sogar stärker von den epochalen Veränderungen der Zeit betroffen als die Prosa, die, wie schon hervorgehoben wurde, mit den politisch-gesellschaftlichen Umbrüchen der Modernisierung und der kemalistischen Revolution als eigenständige künstlerische Gattung erst recht eigentlich entstanden war.

Die Entwicklung der Lyrik in der Türkei im zwanzigsten Jahrhundert kann am besten als »langer Abschied vom Diwan« charakterisiert werden, das heißt als ein revolutionärer Bruch mit der Tradition der höfischen Klassik, die unter den Osmanen als »Diwan-Dichtung« (divan edebiyati) für fünf Jahrhunderte auf teilweise höchstem Niveau gepflegt worden war. Diese höfische Poesie, in der man den Sultan und hohe Würdenträger des Reiches besang, den Frühling, den Wein oder auch religiöse Themen, war ein höchst komplexes Dichten, ein sprachliches Verdichten und Weben (eine Textur) mit zahllosen Bildern und poetischen Versatzstücken, die jeder Poet auf vorbildliche und originelle Weise neu zu arrangieren hatte: ein Vexierspiel. Selbst originell zu sein, gar sprachschöpferisch im modernen Sinn des »Originalgenies«, war nicht das Amt des Dichters. Originalgenies nach westlichem Verständnis, das heißt Individuen, die ihr innerstes Wesen in ihrer Kunst darstellten, waren in den klassischen Kulturen des Islam bis zum Anbruch der Moderne unbekannt. So entstanden kunstvolle Sprachgärten und -Labyrinthe, die abzuschreiten für den Kenner ein ästhetischer Hochgenuss war und ist. Doch hatte diese Form der Dichtung mit dem Leben der Menschen, mit ihrem Alltag, ihrem Glauben und ihren Sorgen herzlich wenig zu tun. Sie gab eine Kunstwelt wieder, die allenfalls im Bereich des Hofes ihren Gegenstand in der Wirklichkeit fand. Hinzu kam die Überfrachtung dieser Dichtung mit persischem und arabischem Wortgut sowie mit den poetischen Lehren und Techniken der großen persischen »Dichterkönige« (mulûk-i şuarâ) des Mittelalters, die als unerreichbare Vorbilder angesehen wurden, etwa Hafis, Saadi, MEVLANA CELALETTIN RUMI

(1207–1273), den die türkische Literatur heute für sich reklamiert, und viele andere; besonders gilt dies für die quantitierende Prosodie (»aruz«) der Araber, welche die Diwan-Lyrik bis in das zwanzigste Jahrhundert bestimmte. Diese Prosodie arbeitete nicht mit den Mitteln von Hebung und Senkung oder Betonung, sondern allein mit dem Wechsel von Länge und Kürze der Silben, wie in der antiken Poesie. Die größten Namen dieser höfischen Diwan-Klassik sind BAKI (1526–1600), FUZULI (1495–1566), NEDIM (gest. 1730), NABI (1642–1712), ŞEYH GALIB (1757–1799). Ihr Einfluss war so übermächtig, dass nur eine Revolution vom Schlage der Atatürkschen Umwälzung auf dem Feld von Sprache und Poesie ihn zurückdrängen konnte.

In der zweiten Hälfte des neunzehnten Jahrhunderts dann, in jener Zeit der großen Reformen (tanzimat), zeigte sich mit der Literatur der Reform-Ära (tanzimat edebiyati) zum ersten Mal der Wille, das Türkische reiner zu verwenden und sich auch anderen Sujets zuzuwenden: der Politik, der Nation, dem Patriotismus, der Aufklärung, der Wissenschaft. Dies zeigte sich auch in der Lyrik, die von fast allen wichtigen Dichtern der Reform-Ära gepflegt wurde. Es entstand eine osmanisch-»vaterländische« Dichtung bei NAMIK KEMAL (1840–1888), die aufklärerischen und politischen Zwecken dienen sollte. Namik Kemal kann als wichtigster Vorläufer der Jungtürken, ihres ursprünglichen Programms und ihrer Revolution gelten. Mit ihm und den ihm nachfolgenden Dichtern, etwa dem berühmten TEVFIK FIKRET (1867–1915), begann der lange Abstieg der Poeten vom Diwan.

Er wurde nach der Jahrhundertwende beschleunigt durch die beiden Dichterschulen »Servet-i Fünun« (»Reichtum der Künste«) und »Fecr-i Âti« (etwa: »Morgendämmerung der Zukunft«), die sich entweder der türkischen Volksdichtung zuwandten, das heißt auf die persisch-arabischen Modelle ganz verzichteten und das silbenzählende Dichten der Volkslieder (hece vezni) in die »hohe« Lyrik einführten, oder sich an französischen Vorbildern des modernen Symbolismus und des Expressionismus orientierten. Als Lyriker eines gewissen mystischen Nationalismus kann MEHMET EMIN YURDAKUL (1869–1944) apostrophiert werden, der in vielen Sonetten von meist lehrhaftem Inhalt den Nationalstolz der jungen türkischen Nation zu befördern versuchte. Von ihm stammt die berühmte Verszeile »Ben bir Türk'üm dinim, cinsim uludur« – »Ein Türke bin ich, groß mein Glaube, mein Geschlecht«. Mehmet Emin versuchte, vor allem die türkische Jugend zu den neuen nationalen Idealen hinzuführen. Einflüsse der Diwan-Poesie blieben gleichwohl auch in dieser revolutionären Phase der türkischen Literatur vorhanden, ja, wir werden sogar sehen, dass sie nach dem erfolgreichen revolutionären Umbruch von manchen Dichtern wieder bewusst, wenn auch verwandelt, aufgenommen wurden.

Doch RIZA TEVFIK BÖLÜKBAŞI (1869–1949) forderte zunächst, mit der Silbenzählung müsse ein gewissermaßen »nationales« Versmaß in die Lyrik einziehen. Diese Forderung wurde von der Gruppe der »Fünf Dichter der Silbe« (hecenin beş şairi) bereitwillig aufgegriffen. Zu ihr gehörten ORHAN SEYFI ORHON (1890–1972), ENIS BEHIÇ KORYÜREK (1891–1949), HALIT FAHRI OZANSOY (1891–1971), YUSUF ZIYA ORTAÇ (1895–1967) und FARUK NAFIZ ÇAMLIBEL (1898–1973). Eine andere fortschrittlich orientierte Vereinigung von Poeten, die Ende der zwanziger Jahre entstand, aber schon bald wieder auseinander ging, waren die »Sieben Fackelträger« (yedi meş'aleciler): SABRI ES'AT SIYAVUŞGIL (1907–1968), VASFI MAHIR KOCATÜRK (1907–1961), CEVDET KUDRET SOLOK (geb. 1907), YAŞAR NABI NAYIR (1908–1981), ZIYA OSMAN SABA (1910–1957) sowie der früh verstorbene KENAN HULUSI KORAY (1908–1943), der sich fast nur der Prosa widmete. Ziya Osman Saba wurde der exponierteste Vertreter dieser Gruppe, der bald einen eigenen lyrischen Ton fand. Wir werden seine Person und sein Werk weiter unten würdigen.

Als führender Symbolist, wenn auch auf der Grundlage der traditionellen Aruz-Prosodie, gilt AHMET HAŞIM (1885–1933), der in Bagdad geboren wurde und in Istanbul hoch angesehen starb. Haşims Gedichte sind sehr poetisch, arbeiten stark mit Farbeindrücken und geben sich symbolisch verschlüsselt. Zuweilen erinnern sie in ihrer Enigmatik an Rilke. Haşims Gedichte waren zeitgenössisch, aber nicht volksnah, da sie ebenfalls einer Entschlüsselung durch Kundige bedurften. Auch verwenden sie eine Sprache, die noch nicht durch die Sprachreinigung der Atatürk-Ära gegangen war, ein Spätosmanisch, das ins Neutürkische übersetzt werden musste, obwohl der Dichter Zeitgenosse Atatürks war. Nach den Worten des bekannten, in Amerika lehrenden Literaturhistorikers Talat Sait Halman ist die Dichtung Haşims »der Musik näher als dem Wort«. Eines der bekanntesten und charakteristischsten Gedichte Haşims lautet:

Karanfil/Die Nelke

Von der Lippe der Geliebten gebracht.
Ist ein Flammentropfen diese Nelke.
Ich spürte es an ihrer Bitterkeit.

Da die Schmetterlinge zu Boden fallen,
Von ihrem heißen Duft erschlagen,
Ist auch mein Herz für sie zum Falter geworden.

Als letzter Großmeister der Diwan-Dichtung kann der Diplomat YAHYA KEMAL BEYATLI (1884–1958) gelten. Er stammt vom Balkan, aus Üsküp (heute Skopje) in Mazedonien, und verstand es meisterhaft, die eigentlich für die türkische Sprache wenig geeignete Prosodie des arabisch-persischen »Aruz« mit ihrem Wechsel von langen und kurzen Silben für das Türkische fruchtbar zu machen. Beyatli rekapitulierte somit noch einmal eine große lyrische Tradition, bevor sie endgültig Geschichte wurde. Mit ihm war der Abschied vom Diwan ebenso vollzogen wie mit den radikalen Neuerern, die aller künftigen Lyrik in der Türkei die Richtung weisen sollten. Vielleicht wird Yahya Kemals Dichten am besten durch die folgenden Verse charakterisiert, die so etwas wie eine ästhetische Summe seines Lebens und Dichtens zu ziehen scheinen:

Vollkommen ist der Mensch, der in Erinnerungen lebt,
Von der Zukunft kein anderes Glück mehr erwartet.
Seine Augen sehen ständig die Geliebte und den Lenz.
Im Leben hat er sich erkannt, das Ziel seines Strebens erreicht ...

Eine heitere Gelöstheit, ein vollendeter Epikureismus liegt über jenen Zeilen, die Yahya Kemal Beyatli in Erinnerung an den persischen Poeten Hafis, einen Verfechter des vergeistigten Lebensgenusses (rindlik), verfasst hat:

Rindlerin Ölümü/Der Tod der Epikuräer

Im Garten, wo das Grab des Hafis liegt, wuchs eine Rose,
Erblühend alle Tage mit blutender Farbe.
Nachts weinte der Sprosser, bis es Morgen wurde,
In einer Weise, die das alte Schiras heraufbeschwor.

Für einen Weisen ist der Tag ein ruhiges Frühlings-Land,
Umher schwebt seine Seele, als ob sie Weihrauch wär';
Und auf seinem Grab, unter den kühlen Zypressen,
Blüht eine Rose jeden Morgen, singt der Sprosser jeden Abend ...

Zu neuen Ufern

Die revolutionären Umbrüche hin zur modernen Weltpoesie verdankt die türkische Lyrik schließlich zwei Dichtern, die zu Recht auch außerhalb des Landes Anerkennung gefunden haben: Nazim Hikmet und Orhan Veli Kanik (1914–1950). Beide haben ihre volle Wirkung erst in den Jahrzehnten nach dem Zweiten Weltkrieg entfaltet, und zwar im Positiven wie im Negativen, in Zustimmung wie Ablehnung. Hikmet ist schon im Abschnitt über die Prosa kurz behandelt worden, doch kommt ihm als Lyriker geradezu bahnbrechende Bedeutung zu. Mit ihm emanzipiert sich der freie Vers (vers libre) der Moderne in der Türkei und erreicht auch schon einen ersten, kaum zu überbietenden Höhepunkt. Das geben heute alle an Literatur interessierten Türken zu, auch wenn sie in politisch unterschiedlichen Lagern stehen mögen.

Nazim Hikmet stammte aus Saloniki (Selânik), das zum Zeitpunkt seiner Geburt noch zum Osmanischen Reich gehörte. Er ist, wie er selber einmal schrieb, »Sohn eines Paschas«, das heißt er stammte aus einer der führenden Familien des Reiches, sein Großvater war Gouverneur von Aleppo gewesen. Dietrich Gronau übrigens hat in seiner vor einigen Jahren erschienen, sehr lesbaren Monografie über den Dichter herausgefunden, dass Nazim Hikmets Verwandtschafts-Beziehungen sogar bis nach Deutschland reichen.

1917 trat er in die Militärakademie auf Heybeliada, einer der Prinzeninseln, ein. Im Jahr darauf veröffentlichte er die ersten Gedichte. 1920 begeistert er sich zunächst für den nationalen Widerstand in Anatolien und wird Anhänger Kemal Atatürks. Mit dem türkischen Dichter Vâ-nû, Vala Nurettin (1901–1967), durchstreift er Ankara und die Dörfer Anatoliens, lernt dabei Ehre und Niedrigkeit der anatolischen Landbevölkerung kennen, die ihm nach seiner Herkunft zunächst fremd gewesen ist. 1922 bricht er innerlich schon mit der

Ideologie der Nationalbewegung, als er in Moskau beim Studium an der Universität der Völker des Orients mit der kommunistischen Ideologie bekannt wird. Atatürks Reformen erschienen ihm nur als Machtübertragung von der osmanischen feudalen an die bürgerliche, jetzt national-türkisch definierte, neue herrschende Klasse. Er schließt kurzzeitig Freundschaft mit Wladimir Majakowskij und Sergej Jessenin, deren Dichtungen ihn beeinflussen. Dies gilt besonders für Majakowskij, den großen Herold einer revolutionär befreiten Lyrik Russlands. Noch vor seiner Rückkehr in die Türkei wird er Mitglied der Türkischen Kommunistischen Partei (TKP), die allerdings schon Mitte der zwanziger Jahre verboten und in die Illegalität gedrängt wird. Ihr Vorsitzender Mustafa Suphi wird unter offiziell ungeklärten Umständen ermordet. In Abwesenheit wird Hikmet von einem türkischen Gericht zu fünfzehn Jahren Haft verurteilt.

Seit diesem Zeitpunkt haben politische Prozesse und die Gefängnishaft den Dichter nicht mehr verlassen, Erfahrungen, die für viele andere türkische Schriftsteller dieses Jahrhunderts symptomatisch wurden. Nach weiteren Schuldsprüchen wird er im Jahre 1939 zu insgesamt 28 Jahren und vier Monaten Gefängnis verurteilt, weil er Militärkadetten zur Meuterei aufgehetzt habe. In deren Spinden hatte man sein Gedicht »Es schneit in der Nacht« gefunden, in dem Hikmet im spanischen Bürgerkrieg für die Republikaner Partei ergriff. Die nächsten zwölf Jahre sind ein einziges Martyrium. Der herzkranke, mit angina pectoris geschlagene Poet sitzt zunächst in Istanbul ein, dann in Çankiri, schließlich in Bursa, der altehrwürdigen Sultansstadt. Als er 1950 in einen Hungerstreik tritt, beginnen Intellektuelle überall auf der Welt, sich für seine Freilassung einzusetzen. Ein Jahr später, nachdem er aufgrund einer Amnestie freigekommen ist, verlässt er über Sofia für immer die Türkei. 1963 ist er im Moskauer Exil gestorben.

Heute ist Nazim Hikmet auch bei seinen Landsleuten als großer Dichter anerkannt. Doch aus den genannten politischen Gründen haben sich die Türken offiziell mit ihm besonders schwer getan. Dass er Kommunist war, verübeln ihm noch heute viele, sogar in der Welt der professionellen Literaturgeschichtsschreibung. Seiner überragenden Wirkung als Befreier der türkischen Dichtung aus dem Korsett des Hergebrachten hat dies allerdings keinerlei Abbruch getan. Die Linke hat nach seinem Tod einen regelrechten Kult um Nazim gestiftet, was ihm ebenfalls nicht gerecht wurde, und was er wohl in dieser Form selbst abgelehnt hätte. Hikmet war zwar Kommunist, doch eignete er sich wenig zum propagandistischen Popanz. Er selbst war weniger Theoretiker und Ideologe als Dichter, der vom Wort und vom Elend der Menschen ergriffen war. Die Emotion rangiert bei ihm vor der ideologischen Verhärtung, es ist das Herz, das Partei ergreift. Die Stalin-Herrschaft ließ ihn nicht unbeeindruckt, was für ihn spricht. Hätte er länger gelebt, wären seine politischen Ansichten möglicherweise milder geworden.

Im Jahre 1929 erregte Hikmet, der bis dahin schon gezeigt hatte, dass er die traditionellen Formen des Dichtens beherrschte, Aufsehen mit seiner Sammlung »835 Satir« (»835 Zeilen«), in der er mit allen herkömmlichen Regeln der türkischen Poesie brach. Er wurde der große Befreier der Dichtung, der den Anstoß gab für das Zeitgenössisch-Werden der türkischen Lyrik. Der von ihm praktizierte freie rhythmische Vers, der durchaus die Assonanz und gelegentlich auch den Reim kennt, wurde zum Vorbild für mehr oder weniger alle modernen Poeten der Türkei. Man kann sich kaum vorstellen, wie provokant diese Gedichte auf all jene wirken mussten, die bisher die strengen Formen des Aruz oder der Volksdichtung mit ihren gereimten Vierzeilern gepflegt hatten. Hikmets Dichtungen wirkten auf sie willkürlich und kunstlos, da sie noch nicht in der Lage waren, diese gänzlich neuartige Ästhetik des ungebundenen Wortes zu rezipieren. Hinzu kam, dass Hikmet sich im Gedicht Themen widmete, die bisher der Poesie überhaupt nicht für würdig befunden worden waren. Dabei vermied er, obschon Anwalt der Arbeiter und der kleinen Leute, durchaus jenen abstoßenden Prolet-Kult, der eine zeitlang gewissermaßen zur Pflichtübung kommunistischer Dichter geworden war. Daneben bezog er im Gedicht Stellung zu politischen Themen, internationalen Krisen, politischer Verfolgung und Unterdrückung überall auf der Welt. Schließlich schrieb er auch immer wieder Gedichte über die Türkei, jene geliebte Heimat, die ihm so übel mitgespielt hatte und von der er doch innerlich niemals loskommen konnte. Ergreifend sind seine Gedichte, die er im Gefängnis schrieb, besonders auch die »Briefe« an seine Frau Piraye.

Eine einzige Liebeserklärung an Anatolien und seine Menschen, aber auch eine elegische bis zornige Klage über Gefängnis, Zwang und Unterdrückung ist das vierbändige, viele tausend Zeilen umfassende Versepos (destan) »Memleketimden Insan Manzaralari« (»Menschenlandschaften aus meinem Land«). Hikmets bekanntestes Gedicht über die Türkei ist recht kurz, aber aussagekräftig:

Davet/Aufforderung

Vom hintersten Asien hervorgaloppierend,
in das Mittelmeer springend
wie ein Pferdekopf –
das ist unser Land.
Blutig der Wrist, die Zähne zusammengepresst,
auf dieser Erde wie ein Teppich aus Seide –
das ist unsere Hölle, unser Paradies.
Schließt die Tore der Knechtschaft,
haltet sie geschlossen,
hört auf, andere Menschen anzubeten –
das ist unser Wunsch.
Zu leben
frei und für sich wie ein Baum,
aber brüderlich wie ein Wald –
das ist unsere Sehnsucht.

Die letzten vier Verse dieses Gedichtes sind zum viel zitierten Sprichwort geworden. Man muss die Gedichte, die teilweise recht lang sind, laut lesen, um jene fast symphonische Musikalität der Struktur und der Sprache empfinden zu können, von welcher der türkische Literaturwissenschaftler Nurullah Ataç (1898–1957) gesprochen hat. Hikmets Parteinahme für die Enterbten und Entrechteten, für die bisherigen Verlierer der Weltgeschichte, zeigt sich sehr schön in einem Gedicht, das Don Quichotte gewidmet ist und mit seinen Bezügen zum sozialen Kampf der gesellschaftlich Unterlegenen ebenfalls sprichwörtlich wurde:

Don Kişot/Don Quichotte

Der Ritter der unsterblichen Jugend
fand, im Alter von fünfzig Jahren,
seinen Verstand in seinem Herzen;
und eines Morgens, im Juli,
ritt er hinaus, das Recht zu fangen,
das Schöne und die Gerechtigkeit.
Seine Gegner: eine Welt dummer Riesen,
er auf seiner traurigen, doch tapferen Rosinante.

Ich weiß, was es heißt, etwas zu begehren,
doch wenn dein Herz nur ein Pfund oder etwas
darüber wiegt,
hat es wenig Sinn, mein Don,
gegen sinnlose Windmühlen zu kämpfen.

Du bist im Recht, natürlich,
Dulcinea ist deine Frau,
die schönste der Welt;
sicher bin ich, dass du das
den Straßenhändlern ins Gesicht schreist,
doch sie werden dich vom Pferd holen
und schlagen.
Du aber,
unschlagbarer Ritter unserer Sache,
wirst nicht aufhören zu glühen
hinter dem schweren, eisernen Visier;
und Dulcinea wird noch schöner werden.

Mit berühmten Verssammlungen wie »Kurtuluş Savaşi Destani« (»Das Epos vom Befreiungskampf«), »Saat 21–22 Şiirleri« (»Gedichte zwischen 21 und 22 Uhr«), »Sesini Kaybeden Şehir« (»Die Stadt, die ihre Stimme verlor«), »Taranta Babu'ya Mektuplar« (»Briefe an Taranta Babu«), »Şeyh Bedrettin Destani« (»Das Epos von Scheich Bedrettin«, siehe 1. Teil) wird Nazim Hikmet für alle Zeiten den Rang eines modernen Klassikers der türkischen Literatur bewahren. Er ist der Pablo Neruda der Türkei. Aus dem riesigen lyrischen Werk dieses Universal-Poeten seien hier noch einige Beispiele vorgelegt, die für Hikmets Wandlungsfähigkeit im Thematischen wie Stilistischen sprechen:

Şiirime dair/Über meine Gedichte

Ich habe weder ein Pferd
mit besticktem weichem Sattel
noch privates Einkommen
aus diesem Stück Land
          oder jenem Haus.
Nur einen Topf mit Honig,

seine Farbe heller als Feuer,
einen roten roten Topf mit Honig.

Dieser Honig ist alles, was ich besitze,
und hartnäckig schütze ich ihn
vor diesem oder jenem Insekt –
mein Stück Land und mein Haus,
meinen einzigen Topf mit Honig.

Warte, Bruder, warte!
Seit ich den Honig
in diesem Topf habe,
wollen ihn Bienen besuchen,
        sogar aus dem fernen Bagdad.

Während der Herrschaft Sultan Hamids

Während der Herrschaft Sultan Hamids
        war mein Vater nicht im Jemen,
        nicht einmal zehn Jahre.
Er war ein höherer Beamter, Sohn eines Paschas.
Ich wechselte meine Klasse und wurde Kommunist,
        neun Jahre eingekerkert.
        (ohne die sonderbaren Monate davor).
während dieser verführerischen Herrschaft der Republik.
Wie lange es dauern wird,
        auf diese Weise dem Land zu dienen,
                weiß niemand.

Heute ist Sonntag

Heute ist Sonntag.
Heute, zum erstenmal,
        hat man mich hinaus an die Sonne gebracht
        und zum ersten Mal in meinem Leben
schaute ich nach dem Himmel
        erstaunt, dass er so weit
        und so blau
        und so groß.

Ich stand ohne Bewegung da,
setzte mich dann auf die schwarze Erde,
drückte den Rücken fest an die Wand.
Nun kein Gedanke mehr an das Sterben,
kein Gedanke an die Freiheit, an meine Frau.
Die Erde, die Sonne und ich ...
       Ich bin glücklich.

Viele Jahrzehnte vor dem palästinensischen, in Amerika lehrenden Literaturprofessor Edward Said hat Nazim Hikmet in einem großen Gedicht über den französischen orientalisierenden Schriftsteller Pierre Loti jenen »Orientalismus« kritisiert, der ein europäisches Wunschbild vom Orient zeichnete, das mehr in der Fantasie seines Schöpfers besteht, denn in der Wirklichkeit. In der Realität war und ist der Orient ein Objekt der Ausbeutung und Beherrschung durch den Westen, den Hikmet freilich einseitig nur als Kapitalismus wahrnimmt. Das Gedicht mit dem Titel »Pierre Loti« beginnt mit den Versatzstücken orientalisierender Exotik:

Esrar!
Tevekkül!
Kismet!
Kafes, han, kervan
       şadirvan.
Gümüş tepsilerde rakseden sultan!

Opium!
Gottvertrauen!
Kismet!
Haremsgitter, Brunnen und Karawanserei.
Ein Sultan, der tanzt auf dem Silbertablett! ...

Hikmets Kommentar zu diesem Orient der romantischen Dichter und Maler des Westens lautet:

Das ist der Orient, den der französische Dichter sieht!
Das
    ist der Orient
        jener Bücher,

die jeden Tag die Druckerpresse verlassen
eine Million pro Minute.

Doch weder gestern
        noch heute
        noch morgen
gab es einen solchen Orient
und niemals wird es ihn geben ...

Neben diesen stark politisierten und zuweilen auch ideologisierten Gedichten hat Nazim Hikmet jedoch auch ganz private Dichtungen verfasst, deren individueller Ton nicht anders als anrührend bezeichnet werden kann. Vor allem gilt dies für jene Gedichte, die um Hikmets familiäre Beziehungen kreisen, um seinen Sohn oder um die verschiedenen Frauen, mit denen er verbunden war, und mit denen er oft genug aus dem Gefängnis heraus kommunizieren musste. »Gedichte für Pirayé« lautet ein Zyklus, in dem es unter anderem heißt:

21. September

Unser Sohn ist krank
sein Vater im Gefängnis
dein schwerer Kopf in deinen müden Händen –
wir teilen die Qualen der Welt.

Menschen werden andere Menschen
besseren Tagen entgegenführen,
auch unserem Sohn wird es besser gehen,
sein Vater wird das Gefängnis verlassen
und deine goldenen Augen werden wieder lachen –
teilend die Qualen der Welt.

Unter dem 22. September heißt es, in noch persönlicherer Weise:

Ich lese ein Buch:
        du bist darin.
    höre ein Lied:
        du bist darin.

Ich setze mich hin und esse mein Brot:
        du siehst mich an.
Ich arbeite:
        du siehst mich an.
Obwohl ich dich sehe allerorten,
        kannst du mit mir nicht sprechen,
und hören können wir einander nicht –
du, meine Witwe, nach acht langen Jahren.

Am Schluss unseres kleinen Reigens von Gedichten aus der Feder dieses Revolutionärs möge ein Poem stehen, das den ganzen utopischen Eifer dieses in vieler Hinsicht getriebenen Geistes zum Ausdruck bringt. Man kann sich der Wirkung solcher Verse kaum entziehen, obschon gerade der vorwärtsstürmende ideologische Duktus heute, nach dem Zusammenbruch der utopistischen Weltbilder, ziemlich fremd anmutet:

Nikbinlik/Optimismus

Sonnige Tage werden kommen, Jungs,
Sonnige Tage
        werden
                kommen.
Wir werden unsere Wagen
zu blauen Horizonten fahren,
fahren
        zu blauen
                Horizonten.
Einmal werden wir Höchstgeschwindigkeit erreichen,
o welche Umdrehungen ...
und der Klang der Maschine ...
Wer weiß von euch, Jungs,
        wie schön es ist
zu küssen,
wenn man hundertfünfzig pro Stunde fährt ...

Der Dichter beschreibt in den folgenden Verszeilen des Gedichts die traurige soziale Wirklichkeit seines Landes, Armut und Unterdrückung, Verletzungen der Menschenrechte und Hunger, die er zu dem optimistischen Aufgesang in Kontrast setzt. Und er endet mit einer Rückkehr zur optimistischen Vision des Anfangs:

> Doch glaubt:
>   wir werden schöne Tage erleben
>   erleben
>   sonnige Tage.
> wir werden unsere Wagen
> zu blauen Horizonten fahren ...
>   fahren ...
>   sie ...

Garip – Fremdartig

»Yazik oldu Süleyman Efendi'ye« (»Schade um Sulaiman Effendi«) ist eine jener modernen Verszeilen, die in der Türkei in den Volksmund eingegangen sind und dort zum Sprichwort (atasözü) wurden. Sie stammt aus dem Gedicht »Kitabe-i Seng-i Mezar/Epitah« von Orhan Veli Kanik, das ebenso revolutionär wirkte wie die Dichtungen Hikmets, obschon mit ganz anderen Mitteln. Unter der altertümelnden Überschrift des Gedichtes, die sich in Wortwahl und grammatikalischer Form (einer »Izafet«-Konstruktion, die im Persischen den Genitiv repräsentiert) an das Persische anlehnt, steht folgender Text:

> An nichts litt er so stark in dieser Welt
> wie an seinem Hühnerauge.
> Sogar dass er so hässlich war,
> fand er nicht weiter schlimm.
> Wenn ihn einmal sein Schuh nicht drückte,
> dachte er nicht gleich an Gott,
> aber einen Sünder konnte man ihn auch nicht nennen.
> Schade um Sulaiman Effendi!

Der Dichter dieser merkwürdigen Zeilen wurde in Istanbul geboren, als der Erste Weltkrieg ausbrach. Istanbul war und blieb seine Stadt, wenn er auch zwischendurch versuchte, in Ankara – als Beamter bei der Post und als Mitarbeiter des Kulturministeriums – Fuß zu fassen. Das Studium der Philosophie hatte er nicht beendet. Doch Orhan Veli konnte nur in Istanbul leben. Dort starb er auch im Alter von nur 36 Jahren an einer Gehirnblutung, die er sich bei einem Sturz in eine Baugrube zugezogen hatte. Alkoholmissbrauch mag dieses frühe Ende mitverursacht haben.

Orhan Veli begründete eine Dichterschule, die sich den Namen »Garip« – »Fremdartig« gab. Und ihr Name wurde Programm. Die Dichter des Garip wollten durch sprachliche Kunstlosigkeit (die allerdings, bei genauem Hinsehen, keine ist) sowie durch lakonische Kürze im Gedicht für Aufmerksamkeit, ja, Verstörung sorgen. Das gelang ihnen. Bei Erscheinen der ersten Dichtungen Orhan Velis herrschte Verständnislosigkeit, denn diese Gedichte schienen so sehr der Prosa zu ähneln, dass man schwerlich von Poesie sprechen konnte. Erst allmählich erschloss sich die spröde Ästhetik des Garip der Menge. Hinzu kamen die Themen, die noch weniger spektakulär waren als bei Hikmet (dieser hatte immerhin die große sozialistische Weltrevolution besungen). Orhan Veli schrieb Gedichte über den »Tunichtgut Mahmud«, über profane Themen des Alltags, über sich selbst und seinen Seelenzustand, der oft zu wünschen übrig ließ, etwa in den berühmten Zeilen:

Istanbulda Boğaziçi'nde,
Bir fakir Orhan Veli'yim;
Veli'nin oğluyum,
Tarifsiz kederler içinde ...

Am Bosporus in Istanbul
Bin ich ein armer Orhan Veli,
Der Sohn Velis
In unbeschreiblichem Kummer ...

Orhan Veli praktizierte in seinen Gedichten, kaum zweihundert an der Zahl, ein natürliches, spontan wirkendes Reden, das die Öffentlichkeit verblüffte. Dabei zeigte sich eine Menschlichkeit, die nichts Abstraktes hatte, wie es bei Nazim Hikmet immerhin in Gestalt der marxistisch-leninistischen Theorie der Fall war, die vielmehr »unmittelbar zum Menschen« stand. Ideologien interessierten Orhan Veli nicht. Seine Sprache ist lakonisch-direkt, nicht begrifflich vermittelt. Man sehe nur, wie präzise er den »Tunichtgut Mahmud« (»Dalgaci Mahmut«) behandelt:

Meine einzige Arbeit ist,
Jeden Morgen den Himmel anzumalen,
Wenn Ihr alle noch schlaft.
Ihr steht auf und seht, dass er blau.

Manchmal reißt das Meer auf.
Ihr wisst nicht, wer es wieder flickt.
Ich tu das.

Manchmal faulenze ich auch.
Auch das ist meine Pflicht.
Einen Kopf denke ich auf meinem Kopf.
Einen Magen denke ich in meinem Magen.
Einen Fuß denke ich an meinem Fuß.
Verflucht, was eigentlich soll man tun?

Schon in früher Jugend hatte er sich mit zwei Verseschmieden angefreundet, die seine Vorstellungen von Dichtung teilten und mit ihm die Garip-Schule gründeten: OKTAV RIFAT (1914–1988) und MELIH CEVDET ANDAY (geb. 1915), der sich später auch dem Schreiben von Theaterstücken zuwandte. Die drei Freunde publizierten ihre Gedichte in der Literatur-Zeitschrift »Yaprak« (»Das Blatt«), nach dem Tode Orhan Velis erschien die letzte Ausgabe dieser Publikation unter der Überschrift »Son Yaprak« (»Das letzte Blatt«). Rifat und Anday haben sich übrigens später von der scheinbar kunstlosen Einfachheit des Garip wieder abgewandt und eigene ästhetische Anschauungen entwickelt. Dichtung erzähle nichts, weil auch die Schönheit nichts erzähle, wurde nach den Worten des Literaturwissenschaftlers Talat Sait Halman zum neuen Credo. Zu den Poeten des Garip gehören so bekannte Dichter wie BEDRI RAHMI EYÜBOGLU (1913–1975), ORHAN MURAT ARIBURNU (1920–1989), CELAL SILAY (1914–1974), SALAH BIRSEL (geb. 1919), NECATI CUMALI (geb. 1921) und ÖZDEMIR ASAF (1923– 1981). Diese Dichter begannen als Poeten des Garip, fanden jedoch später einen eigenen Stil, so dass man nicht behaupten kann, sie hätten Orhan Veli, ihr Vorbild, blind nachgeahmt. Ein Gedicht von Necati Cumali mag dies bezeugen. Es zeigt die Lakonik des Garip, aber größeren Lyrismus:

Am ersten Sommertag, auf dem Weg nach Kizilçullu,
Mochte mich jeder – als ich jung war.
Der Kutscher ließ mich neben sich,
Gab mir seine Peitsche.

Ich, der Sohn von Fitnat Hanim,
Liebte ein zartes Mädchen,
Dessen Augen lachten.

Du erste Sommersonne,
Bestiegen wir nicht zusammen die Bäume?
Habt ihr nicht, ihr Apfelblüten,
Meine Hände bluten gemacht?

»Mehr Poesie!« – das war denn auch der Schlachtruf einer Gruppe von Lyrikern, die zwar den Modernismus des Garip schätzten, aber seine Sprachebene doch für zu wenig »lyrisch« hielten. Diese Gruppe von Poeten wird in der türkischen Literaturgeschichte als »Die zweiten Neuen« (Ikinci Yeniler) bezeichnet. Eine andere Gruppe, die durch den neuen Ton des Garip sowie durch Nazim Hikmet und seine volksverbundene Dichtung stimuliert wurde, waren die »1940 iger« (1940 kuşağı), in deren realistischen Gedichten Hochsprache mit Alltagssprache vermischt wurde. Diese Dichter begannen in den vierziger Jahren zu schreiben, erreichten den Höhepunkt ihrer Kunst jedoch erst in den sechziger Jahren. Bekannte Namen sind vor allem der 1925 in der Südosttürkei geborene AHMET ARIF sowie CEYHUN ATUF KANSU (geb. 1919), RIFAT ILGAZ (geb. 1911), CAN YÜCEL (geb. 1926) und HASAN HÜSEYIN (geb. 1927). In ihrer engagierten Lyrik kann man cum grano salis so etwas wie das lyrische Gegenstück zur Dorfliteratur in der Prosa sehen, denn das anatolische Ambiente spielt darin eine wichtige Rolle. Als bekannteste Vertreter der »Zweiten Neuen« können gelten ILHAN BERK (geb. 1916), METIN ELOĞLU (geb. 1927), EDIP CANSEVER (geb. 1928), CEMAL SÜREYA (geb. 1931), GÜLTEN AKIN (geb. 1933) und KEMAL SÖZER (geb. 1935). Die Zweiten Neuen setzten die Revolution der türkischen Dichtung fort, hielten jedoch nach weiteren westlichen Vorbildern Ausschau. Für viele wurden dies die Surrealisten um André Breton, aber auch Appollinaire. Die Zweiten Neuen schufen wieder eine je exklusive Sprache, die eine gewisse verschlüsselte Rätselhaftigkeit kultivierte. Manche trieben dies bis zum l'art pour l'art voran, was den besonders gesellschaftlich Engagierten unter den modernen türkischen Poeten gewiss nicht passte. Wir müssen außerdem darauf hinweisen, dass die Einteilung in solche Schulen etwas Willkürliches hat und nur mit Einschränkungen Gemeinsames aussagt. Lyriker sind, mehr noch als Prosaisten, Einzelgänger, die – zumal wenn es sich um zeitgenössische Dichtung handelt – einen Kosmos bewohnen, den sie selbst geschaffen haben. Der analytischen Betrachtung Außenstehender mögen dadurch manche Gemeinsamkeiten erscheinen, die vom Dichter selbst nicht intendiert wurden, aber nach der Rezeption von Vorbildern in seine eigenen Werke Eingang gefunden haben. Einige Beispiele aus den Werken der erwähnten Poeten mögen diese Gleichartigkeit und Differenz anschaulich machen:

Melih Cevdet Anday/Yalan/Lüge

Der Dichter der schönen Tage bin ich,
Das Glück ist meine Inspiration,
Den Mädchen erzähl ich was von einer Aussteuer,
Den Gefangenen von Generalamnestie ...
Den Kindern bringe ich gute Nachricht,
Jenen Kindern, deren Väter an der Front gefallen.

Doch schwer ist es, dieses Geschäft,
Schwer fällt es mir, zu lügen ...

Oktay Rifat/Tecelli/Schicksal

Was für eine Plage mit mir!
Ich kann nicht rechnen,
Beamter bin ich im Rechnungsamt.
Meine Lieblingsspeise, Imambayildi,
Schmeckt mir nicht mehr.
Ein Mädchen kenne ich, sommersprossig.
Ich liebe sie.
Sie liebt mich nicht.

Melancholiker und »Historiker«

Zu den Einzelgängern gehört ein Dichter, der dem Reim wieder den Vorzug gab und es darin zur Meisterschaft brachte. Es ist ZIYA OSMAN SABA (1910–1957), der sich oft der Melancholie, ja tiefster Trauer hingibt. Seine musikalischen Verse gelten einer zerrissenen Welt, die jede Festigkeit und Verlässlichkeit verloren hat. In den beiden Sammlungen »Geçen Zaman« und »Nefes Almak« (»Vergehende Zeit« und »Atemholen«) kommt Sabas düsteres Menschenbild zum Ausdruck. In »Biz, Insanlar« heißt es etwa:

> Mein Gott, Deine Welt erfüllen wir,
> Lachend, weinend, irgendetwas plappernd,
> Um unser Essen schlagen wir uns –
> Wir, die Menschen.
>
> Lügen verbreiten sie durch ihre Lippen,
> In den Adern Blut, Im Körper nur Wollust,
> Zorn, Hass, Missgunst und Gier –
> Mein Gott, nicht Du hast die Menschen geschaffen.

Rastlosigkeit und Gier, die eine moderne, weitgehend sinnentleerte Welt überspielen sollen, sind ein Grundthema der Gedichte Ziya Osman Sabas, der am Ende in den resigniert-»kismet«-artigen Ruf ausbricht:

> Mein Gott, endlich werden wir Dir gehorchen,
> Kein Hass mehr, kein Neid, keine Lebensgier …

Ein Melancholiker gleich Ziya Osman ist CAHIT SITKI TARANCI, Spross einer angesehenen Familie aus dem türkisch-kurdischen Südosten. Er wurde in Diyarbakir geboren, einer Stadt, die bis in die jüngste Zeit multikulturell geprägt war und immer als »Hauptstadt der Kurden« apostrophiert wird. Cahit Sitki lebte von 1910–1956. Er wuchs in einem schönen osmanischen Haus aus dem 18. Jahrhundert auf, das heute als Erinnerungsstätte für den Dichter dient. Fotografien zeigen Bilder des jugendlichen Poeten und seiner Anverwandten, dazu sieht man Bücher aus dem Besitz des Dichters und seiner Familie. Der begabte Junge wurde nach Istanbul geschickt um im berühmten Galatasaray-Lyzeum seine schulische Ausbildung zu erhalten. Sein an der Mülkiye-Verwaltungsschule begonnenes Studium wollte er von 1939 an in Paris vollenden, doch wegen des Ausbruches des Zweiten Weltkrieges kehrte er vorzeitig in die Türkei zurück. In Ankara arbeitete er als Übersetzer. 1954 erkrankte er schwer, wurde zwei Jahre später in ein Krankenhaus nach Wien gebracht, wo er bald danach starb.

Taranci ist Metaphysiker. Seine Themen im Gedicht waren Tragik und Einsamkeit des Dichters, sein Schwanken zwischen Lebensunsicherheit und Todessehnsucht. Die Hinfälligkeit und Kontingenz der Dinge, vor allem jedoch die Flüchtigkeit des Lebens stehen im Zentrum dieser kontemplativen Dichtung, die hier und da große Ähnlichkeit mit Rilkes Lyrik hat. Yüksel Pazarkaya bemerkt mit Recht, dass sich in dieser verinnerlichten, um die letzten Dinge konzentrierten Haltung nicht nur die Ungewissheit und Unsicherheit der politischen und sozialen Verhältnisse des Landes wiederfinden, sondern auch die Ausgesetztheit und Unsicherheit des »Dichterberufes«. In alten Zeiten war der Dichter als Hofpoet finanziell abgesichert, jetzt hingegen ist er sein eigener Herr, mit allen Unwägbarkeiten, die das für einen Produzenten von Kunst mit sich bringt. In seiner Person zeigt sich, was die moderne Existenzphilosophie als »Geworfenheit« bezeichnet.

Es sind jedoch auch ganz individuelle Gründe, die Cahit Sitki Taranci zum Melancholiker und Metaphysiker gemacht haben. Veranlagung und schwere Krankheit haben dazu gewiss ebenso beigetragen wie schwer zu bewältigende Veränderungen in der türkischen Gesellschaft. Das bekannteste Gedicht Tarancis, das auch einer berühmten Sammlung seiner Poesien den Namen gegeben hat, heißt »Yas Otuz Beş Şiiri« (»Gedicht über das fünfunddreißigste Jahr«), in dem Taranci wie Dante an der (für ihn nur scheinbaren) Lebensmitte innehält.

> Yaş otuz beş, yolun yarisi eder,
> Dante gibi ortasindayiz ömrün ...
>
> Fünfunddreißig Jahre! Die Hälfte des Weges,
> Wie Dante stehen wir in der Mitte des Lebens.
> Die Kraft unserer Jugendzeit vergeht,
> Deiner Tränen achten sie nicht,
> Bitten und Flehen sind da vergebens.

Hat es auf meine Schläfen geschneit? Was ist los?
Gehört mir, mein Gott, dies faltige Gesicht?
Und die blauen Ringe unter den Augen?
Warum seid ihr nun Feinde, ihr Spiegel,
Die ich immer für meine Freunde hielt?

Wie sich der Mensch mit der Zeit doch wandelt!
Betrachte ich Bilder – das bin ich nicht.
Wo sind jene Tage, wo die Lust und Begeisterung?
Dieser lachende Mann dort, das bin ich nicht,
Lüge ist diese Sorglosigkeit, Lüge.

Aus dem Dämmer der Bilder taucht die erste Liebe auf,
Selbst das Erinnern daran bleibt uns fremd,
Auch von unseren Freunden, die so alt sind wie wir,
Haben sich längst die Wege getrennt.
Und unsere Einsamkeit wächst mit der Zeit.

Sogar der Himmel hat eine andere Farbe!
Zu spät merkte ich, dass Stein hart ist,
Dass Wasser den Menschen ertränkt und Feuer brennt;
Dass jeder neue Tag ein Schmerz ist,
Sieht der Mensch erst in diesem Alter.

Gelb die Quitte, rot der Granat, der Herbst ist da!
Jedes Jahr gleiche ich ihm etwas mehr.
Warum kreisen diese Vögel denn am Himmel?
Woher kam diese Leiche? Der Tote – ist wer?
Wie viele Gärten habe ich zerstört gesehen?

Was hast du, Tod, bei den Menschen zu suchen?
Du schliefst ein und wachtest nicht mehr auf,
so wird es sein.
Wer weiß, wo, wie und in welchem Alter
Man Sultan sein wird, eine Totenmesse lang,
Auf jenem Aufbahrstein, der einem Thronsitz gleicht?

Der Tod und die Todesstunde sind ein Thema, das Cahit Sitki wie manisch immer wieder beschäftigt, sein Denken und Empfinden kreist darum wie um einen Brennpunkt. Immer wieder malt er sich offenkundig aus, wie es sein wird, wenn er zu Grabe getragen wird:

> Da der Gebetsruf erschallt
> Vom Minarett der Großen Moschee
> Obwohl nicht Freitag ist,
> Muss einer gestorben sein im Viertel.
>
> Nun!
> Auch wir werden eine Leiche sein gleich dieser,
> Ernst und würdig ziehen wir durch die Straße
> Auf Schultern, die schaukeln wie das Meer.

Zur Gruppe dieser melancholischen, stark zur philosophischen Reflexion neigenden Poeten kann auch AHMET MUHIP DRANAS (1908–1980), der auch als Bühnenautor hervorgetreten ist, gerechnet werden.

Als »Historiker« möchte ich zeitgenössische türkische Dichter bezeichnen, für welche die Vergangenheit formal wie inhaltlich trotz aller Modernität wichtig geblieben ist oder wichtig wurde. Statt »formal« und »inhaltlich« könnten wir auch sagen: sprachlich und thematisch. Sie beschäftigen sich mit der Geschichte und thematisieren sie als Nachdenken über die Zeit oder als Beschwörung und »Aufhebung« der Vergangenheit im Heute. Dies, zum Beispiel, ist oft das Thema von AHMET HAMDI TANPINAR (1901–1962), der auch als Essayist von Bedeutung ist. Eine »Zwischenzeit« der Empfindung, die an Zeitlosigkeit grenzt, ist das Thema eines der bekanntesten Gedichte Tanpinars:

> Weder bin ich der Zeit
> Noch gänzlich außerhalb;
> Im unzerteilbaren Fluss
> Eines ganzen, breiten Augenblicks.
>
> Mit einer seltsamen Traum-Farbe
> Ist jede Form wie eingeschlafen;
> Selbst die Feder, im Winde fliegend,
> ist nicht so leicht wie ich.

Mein Kopf: eine unendliche Mühle,
Welche die Stille mahlt;
Mein Inneres: ein armer Derwisch,
Der sein Ziel erreicht hat.
Wie ein Efeu, der in mir wurzelt,
Erscheint mir diese Welt;
Inmitten eines Lichtes, blau
Wie der Himmel, schwimme ich.

Es ist eine Stimmung, wie man sie auch bei Marcel Proust antrifft, mit dessen Werk sich der Dichter ebenso befasst hat wie mit den Analysen von »Zeit« und »Dauer« Henri Bergsons. Tanpinar ist ein Poet der Zwischentöne, der von sich auch nicht sagen konnte, ob er politisch links oder rechts stehe. Das haben ihm manche übel genommen.

Tanpinar hat, wie gesagt, auch als Essayist Bleibendes geleistet. Vor allem faszinierten ihn die großartigen Bauwerke der Türkei, die aus osmanischer Zeit stammen. Lange hat er sich mit dem berühmtesten Baumeister der Osmanen, Mimar Sinan, beschäftigt, der im 16. Jahrhundert, das heißt auf dem Höhepunkt der türkisch-osmanischen Kultur, das gesamte Reich mit einer Vielzahl von Brücken, Bädern, Hospizen und besonders Moscheen überzog. Sinan hat auch in Istanbul jene großen Moscheen geschaffen, die seither als der Inbegriff des osmanischen Stils gelten können und der Stadt bis heute ihr charakteristisches Flair und ihre vertraute Silhouette verleihen. Historische Reflexionen knüpft Ahmet Hamdi Tanpinar zum Beispiel an einen Besuch in Bursa, der alten Hauptstadt der Osmanen, wenn er eines seiner populärsten Gedichte mit dem Titel »Bursa' da Bir Zaman« (»Zeit in Bursa«) verfasst:

In Bursa ein Moscheehof, klein, uralt,
Darinnen Wasser plätschernd in dem Brunnen,
Eine Mauer gar aus Sultan Orhans Zeiten,
So alt wie die Platane an ihrer Seite,
Durch sie erscheint der heitere Tag,
Die Trauer, als der Überrest des Traumes,
In dem, tief aus dem Innern, lächelt,
Wie aus einer Erinnerung, die erfrischt
Das Blau des Himmels, das Grün der Flur
Und jene göttlichste Architektur …

Unter die »Historiker« fällt nach meiner Ansicht auch ATTILA ILHAN (s. Teil 1), der einem bewussten Osmanismus huldigt. Auf diese seine Tendenz wurde im Zusammenhang mit seinen Romanen schon hingewiesen. Sie ist auch in seiner Lyrik mehr als nur eine Masche, sie ist bewusste Gestaltung. Ilhan ist alles andere als ein Konservativer, er ist schon gar nicht ein islamischer Nostalgiker oder gar Fundamentalist; doch mit seiner unbefangenen Hinwendung zu älteren, im osmanischen Türkisch verwendeten Wörtern knüpft er sprachlich an eine Tradition wieder an, die unter Atatürk bewusst ausgeblendet worden war. In den Zeiten der Republikgründung hatte die Spätzeit des Osmanentums noch nicht einmal das Recht, als eine Epoche des »Vorlaufes« der republikanischen Veränderungen angesehen zu werden. Sie wurde schlichtweg denunziert. Heute ist der Umgang – und zwar auch außerhalb der Kreise islamistischer Reaktionäre – mit dem Osmanenreich unbefangener geworden. Man kann sogar von einer gewissen Osmanen-Welle sprechen. Dabei haben die Poeten, die ihr huldigen, natürlich zeitgemäße Formen der Adaption gefunden. Das gilt selbstverständlich auch für Attila Ilhan. Der Formalismus, in der osmanischen Poesie bis zur Perfektion ausgebildet, spielt dabei eine wichtige Rolle. Ilhan will die osmanische Poesie in gewisser Weise »retten« und galt lange Zeit auch als entschiedener Gegner der Garip-Schule. Seine oft ausladenden Gedichte bilden deshalb einen Kontrapunkt zur lakonischen Kürze der Garip-Dichter und ihrer Anhänger und Epigonen. Der osmanisch-türkische Wortschatz wird bei Ilhan unterbrochen und ergänzt durch die Einfügung und Verwendung von Fremdwörtern, Neologismen, gelegentlich auch Ausdrücken von der Straße. In seiner »Suite in osmanischer Manier« verwendet Ilhan, wie Talat Sait Halman bekräftigt, Rhythmen, die der klassischen osmanischen Poesie entnommen sind, aber auch verschiedenen Modi der Musik alla Turca. Diese Dichtung behandelt die politischen Geschehnisse der Jahre 1908 bis 1914:

Istanbul, Tor der Glückseligkeit/Darüssaadet

Weltkriegsjahre mit der Schönheit einer furchtsamen Frau

Als die gute Stimmung Nachtwache hielt in Kuzguncuk
und umschlug wie die der Kadetten von Kuleli gegen
                                  Sultan Reşad

und niemand da war für die letzte der herbstlichen Fähren
keine Helva-Verkäufer aus Beykoz oder Fonografen mit
                        Odeon-Hörnern
Lieder in alter Weise spielend nur die Zimbeln des Kapitäns
alla Turca gespielt in Yildiz und genommen vom Basar

Istanbuls Meerengen mit der Halsstarrigkeit eines
                        verwundeten Geiers

Als deutsche Offiziere mit Monokel in Kramers Bierstube
                        sich stritten
von Moltke gegen Bismarck in ihrer abgehackten Sprache
drei bittere dunkle Pilsener hinuntergießend
Torpedo-Helden so zahlreich wie das kaiserliche Orchester
kehren an die galizische Front zurück im russischen Regen
Tag und Nacht dem Beschuss der Geschütze ausgesetzt
Zelte des Roten Halbmonds wie nasse Blumen blühend
Giganten-Blumen mit äußerst blutbeflecktem Weiß
zurück zur galizischen Front kehrt die Truppenbetreuung

Ikdam bringt Lügen über Siege an der syrischen Front

Im Kriegsministerium der Oberkommandierende Enver Pascha
mit Oberst Süleyman vom militärischen Abschirmdienst
weiß nicht wie die Zeit vergeht bis zum Morgengebet
in der ungefilterten Dunkelheit eines gläsernen Kellers
vor einer Hinrichtung die nervösen Bewegungen des Gebets
von feigen Schatten im Gefängnis von Bekirağa
der klebrige Schweiß rinnend über Yakub Cemils Schläfen
am Boden die zerrissene Mitgliedskarte von »Einheit und
                        Fortschritt«
das Klicken einer Mauer geladen der Befehl zu schießen
der Flieder verwelkt wie die Kerze im Wasser da ist
                        keine Rettung

Jene Weltkriegsjahre mit der Schönheit einer furchtsamen Frau

Attila Ilhan hat freilich nicht nur historische Themen dichterisch gestaltet, sondern den Blick auch an den Sternenhimmel geheftet, ein Sujet, das Dichter zu allen Zeiten ebenso fasziniert hat wie irdische Dinge. Das Poem »Merhaba Gökyüzü« (etwa »Grüß Gott, Firmament!«) setzt mit den folgenden Zeilen ein:

> Grüß Gott firmament grüß Gott du unendliches
> grüß Gott wolken wolken wolken
> he, ihr sterne untergehend am himmel meiner seele
> lied des weltalls auf unserer stirn
> immer kreisend
> milchstraße wie ein vergoldeter turban
> sternenlieder lieder von sternen
> 300 000 kilometer in der stunde schnell
> feuerwolken materie und kraft
> und ein außergewöhnlicher anblick der wendet
>   meinen blick
> o begeisterung o pracht o erhabene eigenschaft ...

Ein anderer Anhänger der Diwan-Poesie, der versuchte, neue Inhalte in ihrer Form zu bewältigen, war TURGUT UYAR (1927–1985), dessen Poeme – nicht ohne ästhetischen Hintersinn – in einem »Divan« gesammelt wurden. Auch ASAF HALET ÇELEBI (1907–1958) wäre hier anzuführen. Er war Beamter, zuletzt Bibliothekar der Literarischen Fakultät der Universität Istanbul, und gilt als poeta doctus. Er war enzyklopädisch gebildet, studierte zahllose Sprachen und deren Dichtung und war mit der westlichen Kultur ebenso vertraut wie mit der östlichen. Seine Studien galten dem Buddhismus, der klassischen persischen Literatur, den Kulten und Religionen des Alten Orients, der islamischen Mystik sowie der klassischen osmanischen Literatur. Da er aus der Familie des berühmten Mystikers und Dichters Mevlena Celalettin Rumi stammte, der im 13. Jahrhundert in Konya, der Hauptstadt des rumseldschukischen Reiches, gewirkt hatte, gab er sich den Familiennamen Çelebi – ein Ehrentitel, mit dem man die Scheichs der Mevelevi-Derwische anredete. Er arbeitete auch wissenschaftlich über die Werke Mevlanas; außerdem über Vierzeiler (rubaiyat) des persischen Astronomen, Mathematikers und »Hobby«-Dichters ÖMER HAYYAM (Omar Khayyam), über MEVLANA CAMI (Maulana Dschami), den letzten persischen Klassiker, der in der zweiten Hälfte des 15. Jahrhunderts lebte, über den türkischen Historiker Mustafa Naima (s. Teil 1) und über EŞREFOGLU, einen sufischen Dichter des 15. Jahrhunderts. All dies zeigt deutlich, auf welchen Gebieten seine Interessen lagen. Es ging ihm um die spirituellen Traditionen der Menschheit. Seine eigenen Gedichte wurden in den Sammlungen »He«, »Lamelif« und »Om Mani Padme Hum« publiziert. Die Gedichte Asaf Halet Çelebis bestehen zumeist aus kurzen, abrupten Zeilen, in die Begriffe aus der Mystik oder der buddhistischen Geisteswelt eingestreut sind. Die kontingente Welt des Sichtbaren wird in Beziehung zur transzendenten, unsichtbaren Welt gesetzt und ihre Eindeutigkeit relativiert. In einem Gedicht, in dem der Bagdader Mystiker Cüneyd (al-Dschunaid) vorkommt, heißt es zum Beispiel:

    Sie sehen mich an
    Sie sehen meinen Körper
                Ich bin anderswo
    Die mich sehen
    Begraben meinen Körper
                Ich bin anderswo
    Öffne dein Gewand Dschunaid
               Warum siehst du
                         Das Unsichtbare ...

Die kurzen Gedichte Asaf Halets sind durch die Bildung des Dichters oft enigmatisch. Zitate aus altorientalischen Sprachen, etwa dem Altägyptischen, scheinen in den Gedichten ebenso oft auf wie andere gelehrte Anspielungen. Asaf Halet Çelebi hätte wohl kaum etwas dagegen einzuwenden gehabt, wenn man ihm Tendenzen zu einem »l'art pour l'art« bescheinigt hätte. Das Gedicht hat nach seiner Auffassung keinen unmittelbar praktischen Zweck, wie die Revolutionäre der modernen Dichtung meinten, vor allem die Sozialisten unter ihnen, sondern genügt sich als eigene, fast surreale Welt selbst. Typisch ist auch das Gedicht Sidharta:

    niagrodha
    einen riesigen baum sehe ich
      in einem winzigen samenkorn

    weder ein korn noch einen baum
    om mani padme hum (drei Mal)

sidharta buddha
ich bin eine frucht
   mein baum ist die welt
weder baum
   noch frucht
ich wandle mich in ein meer um
om mani padme hum (drei Mal)

(Übertragung Yüksel Pazarkaya)

Einen Gegenpol dazu, wie man ihn sich schärfer kontrastierend kaum vorstellen kann, ist die volksnahe Lyrik, die seit alter Zeit eine Gattung für sich darstellt, aber auch die moderne Lyrik bis in die letzten Jahre hinein zutiefst beeinflusst hat. Enigmatik, Rätselhaftigkeit und Verschlüsselung in der Art eines Asaf Halet Çelebi sind von ihr nicht zu erwarten. Doch hat auch eine weniger intellektualistische, dem Volk nähere Art und Weise des poetischen Sprechens ihre Berechtigung, zumal nach einer Phase des revolutionären Umbruchs und des Experiments. Die Volksdichtung ist und bleibt bis zu einem gewissen Grad die Hefe, die immer aufs Neue poetische Begabungen gebiert.

Von der Volksdichtung

Die Volkspoesie (halk edebiyati), einfache, dem Silbenversmaß gehorchende Strophen und Lieder sind im türkischen Volk immer lebendig gewesen. Volkspoesien dieser Art, die vom Kinderreim (Mani, Koşma) bis zum kunstvollen Gedicht reichen, sind – wenigstens in ähnlicher Form – schon bei den mittelasiatischen Türken nachweisbar; schon das Alttürkische kennt naiv-anrührende Liebeslieder, ungefüge gereimte Sprüche und Ähnliches. Annemarie von Gabain hat Beispiele dafür in ihrer Alttürkischen Grammatik angeführt. Nach der Annahme des Islams bekamen die Volkslieder der Türken einen islamischen Gehalt und waren über Jahrhunderte hinweg das Metier der »ozanlar« oder Volksbarden, die ihre populären Dichtungen zur türkischen Laute (saz) vortrugen. Diese Volksdichter haben in der modernen türkischen

Literatur-Geschichtsschreibung denn auch oft den Namen »Saz şairleri« (»Saz-Dichter«) erhalten. Sagen und Legenden, Geschichte und mythische Geschichte, wie sie sich in den berühmten epischen Texten des DEDE KORKUT zeigen, stehen gleichfalls für diese Formen der Volksliteratur. Viele der Volksbarden standen der volkstümlichen anatolischen Mystik, »tasavvuf« genannt, nahe, die nicht immer orthodox war. Eine gewisse Nähe bestand auch zu den Derwischorden, die volksverbunden waren, und deren Dichter sich nicht so elitär gaben wie die Hofpoeten der Diwan-Dichtung. Berühmtester dieser Volksbarden ist der noch heute hoch geschätzte Derwisch YUNUS EMRE (1241–1321), dessen Tradition im Laufe der Jahrhunderte eine Fortsetzung fand bei Poeten wie KAYGUSUZ ABDAL (1397–1453), KARACAOĞLAN (um 1600), PIR SULTAN ABDAL (hingerichtet um 1560), KÖROĞLU (16. Jahrhundert) sowie jenen bekannten alevitischen Volksdichtern, denen man den Beinamen eines »Aşik« oder mystisch Liebenden oder »Kul«, das heißt eines »Sklaven der göttlichen Liebe« gab: etwa AŞIK HASAN (17. Jahrhundert) oder KUL HIMMET, ebenfalls im 17. Jahrhundert lebend.

Diese Volksdichtung errang in der Zeit der Republik ungeheure Popularität, da sie den Abschied vom Osmanischen literarisch manifest machte. Die Lyriker studierten die Werke und die Tradition dieser Volksbarden, die vor allem auf dem flachen Lande Anatoliens lebendig überliefert worden war. Sie lebt bis heute, wenn auch eine authentische Volksdichtung modernen Stils nur schwer denkbar zu sein scheint. Ihre natürlichen Empfindungen und die anatolisch türkische Sprache, die sich nicht zur Künstelei des klassischen Osmanisch verstieg, wirkte ungemein anregend auf die Poeten der Republik. Als vorläufig letzter Meister dieses Genres in unserer Zeit gilt der Barde AŞIK VEYSEL ŞATIROĞLU (1894–1973) aus dem Dorfe Sivrialan bei Sivas in Ostanatolien. Er ist sozusagen der »Ossian« der Republik, sein Gedicht »Kara Toprak«, »Schwarze Erde«, war nicht umsonst das Lieblingslied des Republikgründers Mustafa Kemal Atatürk. Veysel wurde schon in früher Kindheit aufgrund einer schweren Pocken-Erkrankung blind, ein Schicksal, das den Inhalt seiner Lieder und Gedichte tief geprägt hat. Neben der Huldigung an die Erde Anatoliens und ihre Menschen steht das Hadern mit dem ungerechten Geschick und seine Hinnahme im Zentrum von Aşik Veysels Werken. Typisch ist das folgende Lied:

Als ich jung war, schlug der Himmel mein Haupt:
Er hat mir meine Augen geraubt.
Schon als ich sieben Jahre alt war,
Verlor ich meinen Frühling, meinen Sommer.

Zurück zog ich mich, blieb abseits eine Zeit,
Sprach zu den anderen: Jetzt ist es aber genug!
Als ich zehn, fünfzehn Jahre alt war,
Fand ich meinen Stil auf der Laute.
(…)

In Lust und Wonne lebte ich dahin,
Doch unvergleichlich ist auch mein Schmerz,
In meinem Herzen lebte immer diese Trauer,
Lachen ließ mich niemals das Schicksalsrad.
(…)

Veysel fragt: Warum kam ich auf die Welt?
Weinte immer, wann je hätte ich gelacht?
Trost fand mein Herz alleine in mir selbst,
Mein Selbst besänftigte ich mit Geduld.

Der Volksdichter Aşik Veysel besiegte sein tragisches Geschick durch seine Kunst, die ihm hohe Ehren einbrachte. Aus Anlass des zehnten Jahrestages der Republik wurde er mit Atatürk bekannt, spätestens von diesem Zeitpunkt an kannte ihn jeder. Veysel besuchte die Dorfinstitute und Volkshäuser (halkevleri), wo er seine Kunst zum Besten gab und Schüler unterrichtete. So hat dieser Barde viel zur Erhaltung dieser Tradition getan, der türkische Staat gab ihm zuletzt so etwas wie eine Ehrenrente wegen seiner Verdienste um die Pflege einer autochthonen Volksdichtung.

Die bei den ozanlar zu beobachtende Hinwendung zur bodenständigen, volksnahen Mystik hat auch BÜLENT ECEVIT (geb. 1925) beeinflusst, den führenden Politiker der Linken (Ministerpräsident) und Dichter, der andererseits auch die angelsächsische moderne Lyrik rezipierte, unter anderem als Übersetzer von T. S. Eliot und Ezra Pound, aber auch eines asiatischen Poeten wie des indisch-bengalischen Nobelpreisträger Tagore. Für Ecevit war klar, dass die Tradition der anatolischen Volkmystik, die weniger auf metaphysisch-philosophischen Spekulationen, als in der Hinwendung zum Boden und zur Arbeit der Menschen und der Natur beruhte, so etwas bot wie eine linke und laizistische Religiosität. Dies gilt vor allem für das religiöse Weltbild des Yunus Emre, welches sich in dieser Dichtung durchsetzt und das von Mehmet Fuad Köprülü in seiner berühmten Studie über die ersten Mystiker in der türkischen Literatur (»Türk Edebiaytinda Ilk Mutasavviflar«, Istanbul 1919, spätere Auflagen) als »idealistischer Pantheismus« charakterisiert worden ist. Ecevit bezeichnet seine laizistisch-religiöse, linke Haltung als Sozialhumanismus. Er hat die Verbindungen zur türkischen Volksmystik ausdrücklich auch in Essays abgehandelt. Die von den Mystikern immer wieder thematisierte »Einheit des Seins« (vahdet-i vücud) als metaphysisches Prinzip wird in der Gesellschaft der Menschen zur wesenhaften Einheit aller Menschen als Menschen, ungeachtet ihrer Unterschiede nach Konfession oder Land. So kann der Dichter Ecevit im Gedicht dem griechischen »Erbfeind« die Hand reichen, wenn er dichtet:

> erst im heimweh begreifst du
> dass du mit griechen verbrüdert bist
> hört er in der fremde ein griechisch lied
> ist der mensch aus Istanbul plötzlich ein anderer ...

(Übertragung Yüksel Pazarkaya)

Leider gilt dies nur für die Poesie, denn als Politiker hat Bülent Ecevit den Griechen nicht eben die Hand gereicht, tragische Inkommensurabilität zwischen dem Wort und der Wirklichkeit, die freilich überall auf der Welt anzutreffen ist.

Der Kosmos des Dichters

In seinem Museum der modernen Poesie hat Hans Magnus Enzensberger vor Jahrzehnten Nazim Hikmet als den maßgebenden türkischen Lyriker der Epoche gewürdigt. Der vor kurzem erschienene Atlas der neuen Poesie von Joachim Sartorius, der aus dem Blickwinkel einer späteren Generation verfasst ist, widmet sich mit Recht einem anderen als repräsentativ empfundenen Poeten: FAZIL HÜSNU DAĞLARCA,

Jahrgang 1914. Dağlarca ist zweifelsohne die beherrschende Figur in der zweiten Hälfte des zwanzigsten Jahrhunderts, ein poeta universalis, der alle Stile virtuos meistert und dem als Thema im Gedicht »nichts Menschliches fremd« ist. Dağlarca, von dem so eingängige Verszeilen wie »Der Sultan der Tiere ist die Nacht« oder »Die Deutschen lieben die Maschinen« stammen, war zunächst Soldat, dann Beamter. Schließlich unterhielt er im Westteil von Istanbul einen Buchladen, in dem er bis 1970 immer wieder Gedichte vorlas oder sie sogar an den Glasvitrinen der Auslagen anbringen ließ. Trauben von Menschen versammelten sich zuzeiten vor der Buchhandlung.

Dağlarca legte in den sechzig Jahren seiner poetischen Wirksamkeit einen Weg vom lyrischen Subjektivismus zum Objektivismus zurück, von der Innenwelt zur Außenwelt. Und er wurde auch mehr und mehr zu einem eminent politischen Dichter, der sich nicht nur um die Fortschritte der Türkei und ihrer Menschen kümmerte, sondern seinen Blick in die Engagement fordernde Ferne schweifen ließ, etwa nach Vietnam. Auch er ist, wie Hikmet, ein Anwalt der Enterbten und Entrechteten, der Erniedrigten und Beleidigten, obschon nicht von der marxistischen Ideologie überwältigt wie sein großer Vorgänger Hikmet. Im Jahre 1949 soll Fazil Hüsnü in der ostanatolischen Stadt Sivas, der Heimat des Alevi-Dichters Pir Sultan Abdal, ein politisches Erweckungserlebnis gehabt haben. In den Armenvierteln dieser Stadt sei ihm klar geworden, dass es künftig seine Aufgabe sei, sich – wie Pir Sultan Abdal – zum Sprachrohr aller »misérables« dieser Welt, nicht allein der Türkei zu machen.

Seine Gedichte reichen von individueller Erschütterung bis zu allgemeiner Ernüchterung, etwa die bekannten Zeilen:

Dünyaca/Weltisch

Hier, in Indien, in Afrika
Ähneln alle Dinge einander.
Hier, in Indien, in Afrika
Dieselbe Liebe zum Weizen
Ein Gedanke vor dem Tod.

Welche Sprache du sprechen magst,
Aus deinem Blick versteht man, was du sagst.
Welche Sprache du sprechen magst,

In den Winden liegt, was ich fühle,
Was man hört.
Wir Menschen leben voneinander getrennt.
Die Ländergrenzen teilen unser Glück.
Wir Menschen leben voneinander getrennt,
Am Himmel die Bruderschaft der Vögel,
Auf Erden die der Wölfe.

Dağlarca ist der Inbegriff des unabhängigen Poeten, der nicht zu einer Schule gehört, auch gar nicht dazugehören will. Er ist ungeheuer produktiv, die Anzahl seiner Lyrikbände dürfte die siebzig übersteigen. Sie alle spiegeln Dağlarcas Entwicklung vom metaphysischen Denker, der die Mystik studierte, zum revolutionären Aktivisten wider. Obwohl im Stil ganz verschieden von Hikmet, verfügt er doch wie dieser über eine unbegrenzte Freiheit der ästhetischen Mittel und des Ausdrucks und spart keinen Winkel der Wirklichkeit aus. Grundsätzlich alles kann im Gedicht, in der universellen Sprache der Poesie thematisiert werden. In den ersten Gedichtbänden, die auf diesen Poeten aufmerksam machten, »Çocuk ve Allah« (»Das Kind und Gott«) oder »Havaya çizilen dünya« (»In die Luft gezeichnete Welt«), fragt Dağlarca in einer eigenen Symbolsprache nach der kosmischen Bezogenheit und Stellung des Menschen, feiert den Menschen jedoch auch in seiner Kreatürlichkeit, in seinem – heideggerisch gesprochen – So-Sein. Dann geht er zum anatolischen Menschen über, dessen So-Sein allerdings vor allem durch Armut und Mangel charakterisiert wird. Sie sind Ergebnis der Unterdrückung durch Traditionen ebenso wie durch den Feudalismus. Aus dieser Beschreibung und Analyse führt der Weg Dağlarcas in den politischen und sozialen Protest.

Einen lyrischen Kosmos von geradezu liedhafter Prägung bewohnt hingegen CAHIT KÜLEBI, ein Dichter, dem vor einiger Zeit der Kritiker Muzaffer Uyguner eine umfassende Monografie gewidmet hat. Cahit Külebi wurde 1917 in dem Dorf Çeltek bei Tokat in der Ost-Türkei geboren. Nach dem Studium der türkischen Sprache und Literatur war er als Lehrer tätig, danach als Kulturattaché an der türkischen Botschaft in Bern, später dann wurde er im türkischen Erziehungsministerium beschäftigt. Cahit Külebi gehört zu jenen zeitgenössischen Dichtern, welche die althergebrachten Formen der Volksdichtung mit Erfolg angenommen und weiterentwickelt haben, aber dennoch als moderne Poeten zu charakterisieren sind. Külebis Gedichte sind liedhaft, rhythmisch, einprägsam – lyrisch im besten Sinne des Wortes, so dass man sie leicht im Gedächtnis behalten kann. Dazu trägt auch die Verwendung des Refrains (redif) bei, die schon in den Dichtungen mancher populärer Poeten der osmanischen Zeit, etwa bei NEDIM, ihre Wirkung entfaltete. Am vollkommensten gelingt dies Cahit Külebi in seinem bekanntesten Gedicht mit dem Titel:

Sivas Yollarinda/Auf den Straßen von Sivas

Auf den Straßen von Sivas, nachts,
Fährt eine Reihe von Karren,
Die Räder aus Eichenholz.
Die Bauern – ohne ein Wort.
Schaffen sie Holz oder Salz oder Kranke fort?
Langsam fahren die Karren
Auf den Straßen von Sivas, nachts.

Weder wogen Sterne am Himmel
Noch sind die Herzen liebevoll,
Ein messerscharfer Wind
Lässt Hände und Füße schwellen.
Auf den Straßen von Sivas, nachts,
Fahren langsam die Karren.

Lastwagen kommen und gehen dahin
In Staub gehüllt, in Dunst.
Die Wagen zerstreuen sich, die Fahrer fluchen,
Licht fällt auf die Straßen.
Auf den Straßen von Sivas, nachts,
Fährt eine Reihe von Karren.

Subjektivismus und Heimatliebe sind zwei wesentliche Elemente des lyrischen Schaffens von Cahit Külebi. Immer wieder vergleicht er die Türkei mit seiner Geliebten, eine Form der Huldigung, die dem Westler innerlich ein wenig widerstreben mag, die jedoch vom Dichter der jungen Republik unbefangener erlebt wird, etwa in dem berühmten Poem »Hikâye/Geschichte«, in dem Cahit Külebi diesen Vergleich lyrisch am eindrucksvollsten gestaltet. Überhaupt ist die Türkei, ihre geografische Größe und landschaftliche Vielfalt ein immer wieder apostrophiertes Sujet im Gedicht:

Yurdum/Meine Heimat

Im Jahre 1917.
Wurde ich auf deinem Boden geboren.
Die Milch meiner Mutter
Kam aus deiner Quelle, deinem Feld.
Meine Ahnen starben an deinen Grenzen,
Als sie in den Kampf zogen, für dich.
Auf den Türmen deiner Schlösser
Ließ ich Drachen steigen,
In deinen Bächen badete ich.
Wie ein Kräutlein wuchs ich
Auf deiner Erde.

Ich bestieg große Lastwagen.
Fuhr in die Städte, die noch größer waren,
Des Lernens wegen.
Räuber schnitten mir den Weg ab,
Fanden nichts, was zu rauben sich lohnte.
Auf deiner Erde spielte ich Ball, liebte ich
Und dachte nach,
Schloss Freundschaften.
Tage gab es, voller Sorge,
Hilflos streifte ich durch deine Straßen.
Freundliche Tage gab es,
An denen ich spazieren ging, erhobenen Hauptes.

Von deinen Ufern aus sah ich zum ersten Mal
Das weite Meer.
Auf deinen öden, dürren Steppen
Reiste ich umher viele Tage.
Wenn ich weine – dann deinetwegen
Wenn ich lache – dann deinetwegen.
Du bist wie ein Stück Brot,
Das ich mit Kusshand entgegennehme.

Von ganz anderer, viel intellektuellerer Art ist BEHÇET NECATIGIL (1916–1979), ein Dichter von experimentellem Zuschnitt. Er war Lehrer und hat sich neben seinem dichterischen Schaffen als Übersetzer – dreißig Werke allein aus dem Deutschen – und Literaturwissenschaftler einen Namen gemacht. Die vorliegende Studie verdankt seinen beiden literaturwissenschaftlichen Wörterbüchern vieles. Behçet Necatigil ist auch der Schöpfer des türkischen Hörspiels (radyo oyunu), einer literarischen Gattung, der er sich seit den sechziger Jahren zugewandt hatte.

Man kann Behçet Necatigil wohl kaum als einen Optimisten bezeichnen. Nach den Worten eines bekannten türkischen Literaturhistorikers lebt er in einem Abgrund von Trauer und Einsamkeit, glaubt nicht im Sinne der Fortschritts-Optimisten, die im Gefolge der kemalistischen Revolution wie Pilze aus dem Boden hervorschossen, an den Menschen und an ihr dauerhaftes Glück. So jedenfalls steht es in seinen frühen Gedichten zu lesen. Ausdruck dieses Pessimismus, der vielleicht – wie bei Schopenhauer – eher als Realismus zu bezeichnen wäre, ist die Hinwendung zu den Sorgen und Nöten der kleinen Leute, die er freilich ins Gigantische steigert, damit klar auf den Punkt bringt, aber doch auch verzerrt. Die Harmonie, zum Beispiel des kleinbürgerlichen Familienlebens, zeigt sich angesichts der nicht abreißenden Kette von alltäglichen Kümmernissen als Lug und Trug.

In seinen späteren Gedichten wird Necatigil zum Sprachartisten und nähert sich in gewisser Weise, wie andere Poeten, wieder der Tradition der Diwan-Lyrik. Allerdings bleibt seine Sprache weit entfernt von jenem überladenen Duktus der alten Meister, ja, sie wird sogar chiffrenhaft knapp und enigmatisch. Der eigentliche Sinn der Gedichte scheint in dem zu liegen, was gerade nicht gesagt, was verschwiegen wird. Es wird eine Intellektualität des Dichtens, der »poiesis«, deutlich, die mit dem eingängigen, liedhaften Ton eines Cahit Külebi nichts zu tun hat. Diesem intellektualistischen Prinzip trägt der Dichter Necatigil auch Rechnung, wenn er bisweilen Gedichte in der Art von Kreuzworträtseln verfasst, die der Leser fortsetzen, ergänzen oder gar umstellen kann. Insgesamt ist Behçet Necatigil damit einer der vielseitigsten Dichter in der modernen Türkei. Fünfzig Jahre des Dichtens liegen zwischen den folgenden Versen:

Kabul Günü/Empfangstag

Biliyorum saadet ...

Ich weiß, dass es Glück gibt,
Doch kommt es niemals zu mir
So erwarte ich den Tod.

Lamba/Die Lampe

Başkasi olsa
Çildirir bu karanlikta ...

Ein anderer.
Dreht durch in der Dunkelheit.

Auf meinem Gesims
Steht eine alte Lampe
Kaum zünde ich sie an,
Erlischt sie, weil Wind kommt
Oder sonst etwas ...

Yakinlar/Die Nahestehenden

Anadir – baba, evlât, kardeş
Yaradir içimizde ...

Die Mutter – Vater, Kind, Geschwister
Sind eine Wunde in unserer Seele.
Jahrelang leiden sie an einer Krankheit,
Wir leiden mit ...

Türkisch-islamische Synthese

Mit dem Begriff einer »türkisch-islamischen Synthese« begibt man sich auf ein umstrittenes, geradezu vermintes Terrain, wenn man die Landschaft der zeitgenössischen Dichtung in der Türkei durchstreift. Seit Ende der zwanziger Jahre, als Atatürk erreichte, dass der Islam als Staatsreligion aus der Verfassung gestrichen wurde, tobt ein Kulturkampf im Lande, der in den ersten drei bis vier Jahrzehnten eindeutig von den säkular eingestellten Kemalisten gewonnen wurde, aber danach mehr und mehr wieder den orthodox-religiösen Kräften Raum gab. Der Begriff einer türkisch-islamischen Synthese, der in den siebziger und achtziger Jahren von nicht wenigen konservativen Politikern der Türkei übernommen wurde, weil man damit bei Wahlen Erfolge erzielen konnte, geht auf religiöse Propagandisten wie FETHULLAH GÜLEN (geb. 1927) und MEHMET ZAHID KOTKU (1897–1980) zurück, den man als Vater des politischen Islams in der Türkei bezeichnen kann. Gülen ist Mitglied der Nurculuk-Erweckungsbewegung, während Kotku die führende Persönlichkeit der Nakşbendi-Tarika in diesem Jahrhundert gewesen ist. Ende der neunziger Jahre und nach der Jahrhundertwende gibt es unter der Wählerschaft der Türkei etwa ein Fünftel, das einer islamistischen Partei innerlich gewogen ist oder sie sogar wählt. Am Ende des Reform-Jahrhunderts steht bei einer nicht ganz kleinen Minderheit der Türken die Nostalgie nach dem Osmanischen Reich wieder im Vordergrund ihres Empfindens. Auch wer eine solche Entwicklung ablehnt und sie als »irtica«, reaktionäres Gebaren, abtut, muss sich fragen, ob nicht hinter der zwangsweise verordneten Verwestlichung der Türkei in den zwanziger bis vierziger Jahren ein zumindest einseitiges Bild von Kultur und Geschichte stand, das weder der Theorie noch der gelebten Praxis der Völker auf die Dauer standhält. Mit anderen Worten: Manches spricht dafür, dass heute die Türkei von einer Vergangenheit eingeholt wird, die sie nicht bewältigt, sondern einfach beiseite geschoben hat – in dem verständlichen Willen nach Modernisierung.

Nicht nur die Reaktionäre haben ihre Mythen, auch die Fortschrittlichen. Zum Mythos der Kemalisten gehörte lange Zeit, dass das Volk wie ein Mann hinter Kemal Atatürk gestanden habe, und dass es gegenüber seinen Plänen eines Abschieds vom Islam durchweg positiv eingenommen gewesen sei. Die gesamte kemalistische Hagiografie lebt von diesen Thesen. Sie sind jedoch beide nachweisbar falsch. Das türkische Volk auf dem flachen Lande hat niemals aufgehört, zutiefst islamisch zu sein; gewisse religiöse Kreise, von der kemalistischen Geschichtsschreibung pauschal als üble Reaktionäre und Schurken abgestempelt, stürzten Büsten Atatürks um und leisteten sehr wohl Widerstand. Die teilweise heftigen Kurden-Aufstände der zwanziger und dreißiger Jahre standen auch unter religiösem Vorzeichen und wurden zum Teil von religiösen Orden wie den Nakşbendi getragen. Besonders gilt dies für den Aufstand des Scheichs Said im Jahre 1925, einer durchaus integren Figur des ostanatolischen Volksislams, der bis heute als Ausbund hinterwäldlerischer Verschwörungen charakterisiert wird.

Auch unter den führenden Intellektuellen und Dichtern gab es

Widerstand gegen eine zu rasche Verwestlichung, nicht Modernisierung. Ihr Ziel war eine türkisch-islamische Synthese. Sie strebten nach einer Zusammenführung des türkischen Nationalgedankens, wie er von Gökalp und anderen herausgearbeitet worden war, mit dem islamischen Erbe, dem das Volk zutiefst verbunden blieb. Von diesem Standpunkt aus, der an manche Entwicklungen in der Spätphase des Osmanischen Reiches anknüpfte, warben sie für historische, religiöse und kulturgeschichtliche Kontinuität in der Reform. Unter den Prosaschriftstellern war es der bekannte REFIK HALIT KARAY (1888–1965), der so argumentierte. Vor dem Ersten Weltkrieg war er Mitarbeiter satirischer und humoristischer Blätter, wurde während des Krieges von den regierenden Jungtürken nach Sinop am Schwarzen Meer »verbannt«, geriet jedoch – als Mitglied der loyalistischen Sultans-Partei »Hürriyet ve Itilaf« – auf die Liste jener hundertfünfzig Personen, die 1922 wegen ihrer Gegnerschaft zu den Kemalisten das Land verlassen mussten. Karay ging nach Beirut und Aleppo und konnte erst 1938 in die Türkei zurückkehren.

Ein ähnliches Schicksal widerfuhr dem Lyriker MEHMET AKIF ERSOY (1873–1936). In osmanischer Zeit war er führendes Redaktionsmitglied der Kulturzeitschrift »Sebilürreşat« (»Der Weg der Rechtleitung«) gewesen, die sich für eine Erneuerung der Türkei aus islamischem Geiste aussprach. Gedichte und Artikel publizierte er auch in der Zeitschrift »Sirat-i müstakim« (»Die gerade Straße«), deren Titel sich auf einen Begriff aus der ersten Sure des Korans, die so genannte »Fatiha« oder »Eröffnende«, bezieht. Die Jahre des Ersten Weltkrieges verbrachte Mehmet Akif in Deutschland, nach seiner Rückkehr in die Türkei unterstützte er den nationalen Unabhängigkeitskampf (Millî mücadele). Aus dem Jahre 1921 datiert der »Istiklâl Marşı« oder »Unabhängigkeits-Marsch«, der bis heute die Nationalhymne der Türkei geblieben ist. Vier Jahre später freilich verließ er das Land für knapp zehn Jahre, weil er sich mit den nach seiner Auffassung zu weit führenden Reformen Atatürks nicht einverstanden erklären konnte. Es war das Jahr des Aufstandes von Scheich Said. Akif hatte panislamische Neigungen, die Einheit der Muslime bedeutete ihm viel. In Kairo verbrachte er sein Exil als Professor für türkische Literatur an der Universität. Nach Istanbul kehrte er erst zum Sterben zurück.

Heute genießt Mehmet Akif Ersoy hohes Ansehen in seiner Heimat. Im Allgemeinen werden jedoch eher seine nationalen Hymnen, seine Dichtungen auf die Gefallenen von Çanakkale und ähnlich »erhebende« Werke im Sinne des Nationalismus und Türkismus gefeiert, als seine religiöse Dichtung. Eine Ausnahme machen da nur die Islamisten, für die er der Gegenpol und Widerpart zu dem irreligiösen Kommunisten Nazim Hikmet ist. Jene Lyriker, die sich in den vergangenen zwei Jahrzehnten wieder dem Islam zugewandt haben – und zwar in einem anderen Sinn als jene »Historiker«, von denen zuvor die Rede war –, knüpfen oft an Ersoy als Leitfigur an. Für sie ist es schon ein Omen, dass Ersoy in jenem Istanbuler Stadtteil Fatih geboren wurde, der heute eine der Hochburgen der Islamisten ist. Dabei gilt es, Ersoy vor solchen undifferenzierten Vereinnahmungen in Schutz zu nehmen. Er war ein aufrechter Muslim, kein Reaktionär. Da er tatsächlich so etwas wie der Stammvater der islamischen Dichtung in der Moderne geworden ist, mögen noch einige Informationen über sein Leben folgen.

Mehmet Akif Ersoy ist der Sohn einer Mutter, deren Familie aus Buchara in Turkestan stammte und eine zeitlang in Tokat gelebt hatte. Die Familie des Vaters hingegen kam vom Balkan, aus Albanien. Ersoy hat also eine typisch osmanische, aber auch turkestanische Herkunft. Er lernte vom Vater Arabisch, Persisch von einem Freund der Familie. Nach der klassischen islamischen Schulausbildung studierte er Veterinärmedizin an der neugegründeten Baytar Mektebi, wo er auch Französisch lernte. Er wollte die westliche Literatur, damals die französische, in der Originalsprache lesen. Schon dies zeigt, dass er kein sturer Konservativer war. 1895 veröffentlichte er erste Gedichte. Es folgten Übertragungen der persischen Poeten Hafis und Saadi vor der Jahrhundertwende. Dann verstummte der Dichter für etwa zehn Jahre, bis die jungtürkische Revolution von 1908 ihn wieder sprechen ließ. Er veröffentlichte in den beiden oben erwähnten islamischen Zeitschriften und widmete sich Übertragungen aus dem Arabischen. Seit 1911 publizierte er seine Dichtungen in dem siebenbändigen Werk »Safahat« (etwa: »Phasen«, »Stadien«), darunter auch Erinnerungen an seinen Aufenthalt in Deutschland während des Ersten Weltkrieges.

Mehmet Akif Ersoy wollte für die Einheit des Islams werben, das heißt für einen Gedanken, der heute wieder eine gewisse Popularität überall in der islamischen Welt und somit auch in der Türkei genießt. Wie sehr man ihn zu einem der Gegenspieler Atatürks macht, hängt stark von der eigenen Meinung in diesen Fragen ab. Mehmet Akif unterstützte die nationale Bewegung und war schon deshalb kein

Feind Atatürks, doch er war bei den Reformen für Maß und Ziel, und er war dagegen, das türkische Volk in wenigen Jahren von seinem islamischen Wurzelgrund lösen zu wollen – ein Unterfangen, dessen Vergeblichkeit und die daraus resultierenden Verkrampfungen er vielleicht eher sah als andere. Der Dichter wusste, wovon er sprach, hatte er doch in der osmanischen Zeit viele Regionen des immer noch großen Reiches in offizieller Mission bereist, sich einige Zeit nicht nur in Ägypten oder im Libanon, sondern auch bei Fürst Ibn Raschid auf der Arabischen Halbinsel aufgehalten. Ersoy hatte als islamischer Dichter und Denker gewisse Vorbehalte gegen den Westen, die immer dann »gut« sind, wenn Linke sie unter dem Rubrum »Imperialismus« fassen, jedoch als schlecht gelten, wenn sie von Religiösen unter dem Gesichtspunkt der »kulturellen Entfremdung und Überwältigung« thematisiert werden. Ebenso richtig ist allerdings, dass die Dichtungen Ersoys, meistens in den klassischen Paarreimen (beyit) gehalten, nichts Innovatives im Sinne der modernen Dichtung in sich tragen, sondern Vertrautes bekräftigen. Als solches sind sie jedoch unverändert populär, wie etwa das folgende, den Gefallenen von den Dardanellen gewidmete Gedicht:

> Soldat, o, der du um dieses Staubes willen in den Staub
> gesunken bist!
> Du wärst es wert, dass unsre Ahnen vom Himmel stiegen,
> dich zu küssen.
> Wie groß du bist! Es rettete dein Blut des wahren
> Glaubens Kraft,
> Nur die Helden in der Badr-Schlacht sind dieses Ruhms
> teilhaftig.
> Wer dir das Grab grub, wird es dir denn nicht zu klein?
> Sagt' ich: »In der Geschichte weit begrabt ihn!« – du
> passt nicht hinein ...

Deutlicher kann man die Verbindung des Nationalen mit dem religiösen Erbe kaum noch zum Ausdruck bringen. Mit dem Wort von der Badr-Schlacht spielt der Dichter auf jene erste große Schlacht an, die der Prophet Mohammed nach seiner Auswanderung von Mekka nach al-Medina, der Hidschra, gegen seine ehemaligen Landsleute bei Badr zu bestehen hatte. Die Muslime siegten damals über die Mekkaner.

Ein gefeierter Dichter der religiösen Rechten ist auch NECIP FAZIL

KISAKÜREK (1905–1982). Als er starb, begleiteten in Istanbul etwa 40 000 Menschen seinen Sarg. Dabei hatte der Dichter gar nicht als Protagonist der Islamisierung begonnen, sondern eher als Bohemien und Rebell. Vor dem Krieg und kurz danach verfasste er Gedichte, in denen das anarchische Dasein eines Vagabunden gepriesen wurde. Die Poesie Kisaküreks war auch sprachlich aufrüttelnd, nichts deutete damals darauf hin, dass der Dichter einmal eine solch radikale Wende vollziehen werde. Doch sie kam. Spätestens seit den fünfziger Jahren wandte sich Necip Bey Themen aus dem Koran und aus der islamischen Geschichte und Überlieferung zu, produzierte Werk auf Werk, und publizierte diese religiös inspirierte Dichtung mit der Hilfe seines Sohnes. Er wurde zum Vordenker einer in manchem doch bedenklichen kulturell-politischen Bewegung, die einer Ideologie des »Großen Ostens« (»Büyük Doğu«) huldigt. In dieser Eigenschaft wurde er gewiss auch zum Idol von Radikalen und Fanatikern, mit denen er ursprünglich nichts zu tun haben wollte.

Weitaus interessanter als die Gaselen auf Mekka und Medina, auf die Kaaba oder die Geburt des Propheten Mohammed bleibt jedenfalls der »junge Kisakürek«, etwa mit Gedichten, die dem bekannten Thema des Bahnhofs als einer Stätte des bloßen Lebens-Durchgangs gelten:

Istayon/Bahnhof

Hier erfasst den Menschen
Der Überdruss leerer Tage.
Plötzlich läutet die Glocke,
Schriller als beim Tod.

Dann pfeift eine Pfeife,
Spricht mit schneidender Stimme.
Wer heute als Bekannter abreist,
Kehrt morgen als Fremder zurück.

Eine ganz ähnliche Entwicklung wie Kisakürek nahm ISMET ÖZEL (geb. 1944), ein Lyriker, der sich vom radikalen Linken zum islamischen Intellektuellen und Poeten wandelte und damit Verstörung bei fortschrittlichen Freunden und Anhängern hervorrief. Özel machte durch Gedichte revolutionären Inhalts auf sich aufmerksam, geriet jedoch in den siebziger Jahren mehr und mehr in das

Fahrwasser der Religiösen, die begannen, das geistige Monopol der Linken in Frage zu stellen. Überhaupt sind die so genannten islamischen Intellektuellen, deren bekanntester Ali Bulaç ist, der Chefideologe der größten islamischen Partei, eine Erscheinung der siebziger Jahre. Ismet Özel blieb in seinen Dichtungen formal bei den poetologischen Errungenschaften der Moderne, unterschiebt ihnen jedoch oftmals einen »islamischen« Inhalt oder greift Elemente der islamischen Volkskultur auf, die er im Gedicht verarbeitet. Dass zwischen 1996 und 1997 der Gründer und Vorsitzende der stark islamisch eingefärbten Refah Partisi (»Wohlfahrtspartei«), Necmettin Erbakan, Ministerpräsident der Türkei werden konnte, zeigt, dass die Re-Islamisierung der türkischen Gesellschaft am Ende des Jahrhunderts eine ernst zu nehmende Kraft ist. Hier hat sich eine Entwicklung gezeigt, mit der die meisten türkischen Intellektuellen nicht mehr gerechnet hatten, eine Fehleinschätzung, die sie mit vielen westlichen Beobachtern teilen.

Das folgende, alles andere als islamistische Gedicht kann als typisch für Ismet Özels intensiven Stil, in dem sich ein starker Subjektivismus, aber auch ein tiefer, ungeschminkter Realismus äußern, angesehen werden:

Schrei für meine Geliebte

Der Altan einer Frau, deren Haar in Henna-Farbe
                            leuchtet,
Erhebt sich halblaut über Hauptheshöhe
Die violetten Herbsttage zeigen ihren Wahnsinn
Vertreiben dich aus deinen Sinnen und Büchern
                    Tumore, tote Ameisen
Kälte und Schauer decken mich zu
                    Neugier
Ist die Geburt eines Revolutionärs
Und über mir, halblaut, fliegen
                    Krebs, Begonien, Tod.

Weiße Gaze hinter der Fensterscheibe
                    Und Augen, ausgerissen,
Wirkliche Menschen-Augen, schwer wie Felsen
Eine Mutter erträgt diese ganze Agonie

Der Staub aufgewirbelt durch ihren Körper,
Ihr Hüter der Seelenqual, ihr herbstlichen Tage.

Unter dem Regen des Rebellenführers
Pflege ich meine wilde und erbärmliche Schönheit
Die Samstagnachmittage erschienen wie ein Krampf
    Meine Hoffnung
    Ist ein wildes Tier
Das die Banknoten und Massenversammlungen verwirrt
Und die Häuser erwürgt, in denen wir leben.
Durch den Duft des Zimts und durch Müdigkeit
    Neugier
    Ist die Geburt eines Revolutionärs
In den Basaren waschen einige Schmiede
Und Frauen, die Teig kneten, gestört durch Geklirr.

Eine sinnvolle islamische Lyrik im eigentlichen Wortsinn erscheint mir nur noch denkbar auf dem Hintergrund moderner Aufklärung, das heißt als Ausdruck einer säkularisierten, von Wissenschaft und Rationalismus »entzauberten« Religiosität, die versteht, wovon sie spricht. Gerade unsere Zeit strebt danach, auch das verstehen zu wollen, was man glaubt, da ein nicht hinterfragter Glaube zu jener Erscheinung führt, die unter dem Namen des »Fundamentalismus« zu Exzessen aller Art beiträgt. Über jene Dichter, die das offene Weltbild mystischer Strömungen des Islam, das viele Berührungspunkte mit der modernen Naturwissenschaft hat, verarbeitet haben, habe ich ja schon gesprochen. An ihre poetische Welt wird auch die Zukunft, die auf dem Weg zu einer kosmischen Religiosität ist, erfolgreich anknüpfen können. Insgesamt vermittelt die zeitgenössische türkische Dichtung jedoch einen eher weltlichen Eindruck. Auch das hat sie mit den meisten anderen Dichtungen unserer Zeit gemeinsam.

Der Kreis schließt sich

Wir wollen den Reigen dieser Einführung in die moderne Poesie der Türken mit einigen charakteristischen Gedichten abrunden, die eine insgesamt gelungene und anziehende Synthese aus Tradition und

Moderne darstellen. Natürlich bleiben auch die zeitgenössischen Poeten der Türkei nicht von jenen Fragen und Skrupeln verschont, die das Schaffen von Gedichten im Zeitalter einer alles beherrschenden technischen Kommunikation, des Fernsehens und Computerwesens sowie eines umfassenden Positivismus begleiten mögen. Die Gefahr des gänzlichen Verstummens der Poeten ist groß. Wozu noch Dichtung in dürftiger Zeit? – um einmal Heidegger zu variieren. Unter den Poeten findet der Verdacht immer neue Nahrung, dass in einem solchen Zeitalter das Organ und das Sensorium für die Lyrik eigentlich verkümmert seien und deren Wirkung, sofern bei Poesie überhaupt von einer solchen gesprochen werden könne, beinahe gegen Null tendiere.

Genau dies kann freilich zu einer Haltung führen, die auch den mitteleuropäischen Poeten, die den großen Amerikanern und Lateinamerikanern, die einem Josif Brodsky und vielen anderen zu neuem Schöpfertum verhalf: der poetische Protest. Protest und abermals Protest gegen eine trivial gewordene, entheiligte Welt, in der das Wort des Dichters, in der der Vers und die Strophe, in der der gebändigte Schwung des rhythmisch-freien Wort-Gesangs und seiner inneren Melodie eine Form des geistigen Überlebens konstituieren kann. Eine seelische Gesundheit und Abwehrreaktion. Auch in der modernen türkischen Poesie ist die Tendenz zur Privatheit, zur Schaffung eines je eigenen Kosmos aus bedeutungsvollen und inhaltsschweren Zeichen – denn was anderes ist, wenn wir dem Semiotiker Jurij Lotman und anderen folgen, das künstlerische Gestalten mit Wörtern? – zu beobachten; hier kann festgestellt werden, dass die türkische Poesie genau jenen Punkt erreicht hat, an dem auch andere Poesien der Moderne in ihrer Entwicklung angekommen sind. Auch scheint es ja so zu sein, dass sich das Gedicht in dem dafür veranlagten und empfänglichen Menschen auf ähnlich unwiderstehliche Weise seine Bahn bricht wie das Musikstück. Dasselbe gilt für den Rezipienten, der, wenn er dafür empfänglich ist, Gedichte immer auch unter den ungünstigsten Umständen aufnehmen wird.

Wir beginnen mit einem Gedicht von ÖZDEMIR INCE, in dem der Dichter sich noch einmal als humanistischer Sänger seines Landes betätigt, das freilich nicht so ist, wie es sein könnte. Das politische Gedicht bleibt in einem Land wie der Türkei trotz aller Privatheit noch immer eminent wichtig, wichtiger als anderswo; und es bleibt zunächst auch dabei, dass türkische Schriftsteller und Dichter im gesellschaftlichen Engagement, weniger im Elfenbeinturm die ultima ratio ihres Schaffens sehen. Das folgende Gedicht ist ohne die politische Lyrik eines Nazim Hikmet, aber auch anderer Vorbilder nicht denkbar:

Şair/Dichter

Den Winter über schneite es einen schweren Traum
Den Winter über auf unser verlorenes Land
Der Wind der Wälder mischte sich mit der nassen Erde
Der Nordwest kam auf, streifte die Hügel
(…)

Kinder verloren ihr Fleisch, die besten verloren
Rosen, die auf ihren Schultern erblühten
      Den Winter über schneite es
      Und ich dachte an dich
Unser Land unsere Heimat unsere Liebe unsere
                   Brüderlichkeit
Unser Land unsere Heimat unser Licht unsere Kindheit
Mit sieben mit dreißig mit siebzig
Vereint sind wir in den salzigen Gebeinen der Zeit
Unser Land unsere Heimat unsere unschlagbare Hoffnung
Unser Land unsere Heimat unsere immergrüne Braut
Unsere Schreibfedern unsere zornige Freude
Unser Schicksal unser unendlicher Prozess
Dein Land und deine Heimat
Nasse Zellen schmale Zimmer schwere Schlüssel
So dass du verschwinden würdest im Wald der Steine
So dass deine Ohren bersten würden angesichts der Stille
So dass deine Stimme zu Eisen würde
So dass dein Gebein zu Kreide würde und Rost
Sie gründeten Länder und Heime für dich
Aus schwarzen Schlüsseln und kalten Zimmern gemacht
      Es schneite den ganzen Winter

Von SALAH BIRSEL (geb. 1919) stammen Gedichte, die in perfekter Weise Emotion und formale Beherrschung des poetischen Handwerks verbinden, ausgedrückt in einer kurzen, einfachen Sprache. So zum Beispiel:

Güzins Jugendjahre

Wenn ich an Güzin dachte,
Dachte sie etwas Eigenes.
Ihre Finger waren so dünn
Ihr Gesicht war winzig.

In Güzins Hirn
Gab es Pferd und Wagen
Andere Männer, andere Männer
Andere Leben.

Güzin hatte Katzen,
Die, wie ich, gestreichelt werden wollten,
Doch sprach man von Liebe,
Erschrak sie.

Güzin gehört auch zu Märchen,
Ihre Prinzen sind wirkliche Prinzen,
Ein dickes Buch.
Angefüllt mit Träumen.

Wenn ich in einem Zimmer sitze,
Hatte auch Güzin eines, wo sie saß,
Sie hatte ihr eigenes Bett.
Und ihren eigenen Schlaf.

Zu den großen Sängern der faszinierenden Stadt Istanbul, eines immer wiederkehrenden Sujets der türkischen Dichtung, gehört BEDRI RAHMI EYÜBOĞLU (1913–1975), der die Akademie der Schönen Künste absolvierte und Studienjahre in Paris zubrachte. Neben der Dichtung beschäftigte ihn sein Leben lang die Malerei. Talat S. Halman bringt in seiner englischen Anthologie türkischer Dichtung das große und weithin bekannte Istanbul-Gedicht dieses Poeten, das man im Grunde als Gesang bezeichnen muss. Es zeigt die Großstadt als Kosmos, als kleines Abbild der großen Welt, in der sich das menschliche Leben in all seinen Facetten sichtbar machen lässt.

Istanbul-Saga

Sage Istanbul, und eine Seemöve kommt in den Sinn,
Halb silbern und halb Schaum, halb Fisch und halb Vogel.
Sage Istanbul, und eine Geschichte fällt dir ein,
Jenes altbekannte Märchen, das alte Frauen erzählen.

Sage Istanbul, und ein großer Dampfer kommt in den
                                                Sinn,
Dessen Lieder man singt in den Lehmhütten Anatoliens;
Milch fließt aus seinen Bullaugen, Rosen blühen am Mast,
Meine Kindheit in den Lehmhütten Anatoliens,
Segle nach Istanbul und zurück auf diesem mächtigen
                                                Schiff.

Sage Istanbul, und Weintrauben kommen in den Sinn,
Mit drei Kerzen, die hell am Korbe brennen –
Plötzlich ein Mädchen, unverschämt fraulich wie
                                           sonst keins,
Eine Gestalt, für die ich mein Leben gäb',
Ihre Lippen reif von zuckersüßem Honig,
Ein Mädchen, geboren, von Kopf bis Fuß, zur Lust –
Südwind, Weidenzweig und der Freudentanz –
Aus einem Weinkeller kommend, macht sie dich trunken,
So wie das Lied sagt: »Wie ein Schiff auf dem Meer
Ist hin und hergeworfen mein Herz«.

Sage Istanbul, und der Große Basar kommt in den
                                                Sinn:
Beethovens Neunte Hand in Hand mit dem Türkischen
                                                Marsch;
Und eine unbefleckte Brautbett-Garnitur.
Wird versteigert ohne die Braut und den Führer.
Eine bauchige Laute, mit Perlmutt eingelegt,
Erinnert an den berühmten Lautenspieler auf alten
                                                Platten.
Schwingende Kronleuchter, Tschibuks und rostige Perser-
                                                Schwerter.
Amerikanische Cowboys, die drohen:
»Hände hoch!«

Amerikanische Matrosen in schneeweißen Uniformen,
Von einem großen Gänseblümchen gepflückt, rein wie
          Milch, sauber wie eine Wolke,
Hässlich erscheint der Tod auf solch einem Weiß,
Doch wenn sie kämpfen.
Ziehen sie ihren Kampfanzug an,
Farbe des Blutes und Schießpulver und Rauch,
Die den Hass aufnehmen, nicht den Schmutz.

Sage Istanbul, und eine große Fischerei kommt in den Sinn.
Gleich rostiger Spinnwebe über den Bosporus gebreitet
Oder wuchernd an der Küste des Marmara-Meers.
Vierzig Thunfische zappeln darin wie vierzig Mühlsteine.
Der Thunfisch, trotz allem, ist der König der See:
In's Auge musst du ihn schießen oder fällen wie 'nen
          Baum,
Dann wird des Fischers Gesicht ganz blutunterlaufen,
Die smaragdenen Wasser trüb im Gestrudel.
Mit vierzig Thunfischen am Riff ist wie verzaubert der
          Fischer.
Thront eine Möve am Mast, schnappt eine Makrele und
          verschlingt sie,
Fliegt dann hinweg, ohne auf andere zu warten.
Da lächelt der Fischer, süß und voll Huld:
»Die Möve Emma ist's.
So macht sie es immer.«

Sage Istanbul, und die Prinzeninseln kommen in den
          Sinn
Wo die französische Sprache ermordet wird
Von sechzigjährigen Matronen, aufgetakelt wie die Hölle,
Wenn nur der einsame Pinienbaum reden könnte
Über all die Tändeleien der Burschen mit den Mädels.

Sage Istanbul, und Türme kommen in den Sinn:
Eifersüchtig ist einer, wenn ich den anderen male.
Der Leanderturm, wissen sollt' er, dass so das Teilchen
          zerbricht,
Sollte den Galata-Turm heiraten, einen Haufen Kinder mit
          ihm haben.

Sage Istanbul, und eine Uferstraße kommt in den Sinn:
Anatoliens Arme, gottverlassen, landen hier
In den Kaffeehäusern Tag für Tag, einige
Müssen betteln gehen, um zu überleben, doch Scham
Hält sie ab, manchen
Gelingt es wenigstens, Straßenkehrer zu werden,
Ihre Gesichter beschmiert mit einem schmutzigen muffigen
                                                              Grinsen;
Andere schultern einen Korb oder Tragesattel,
Gehen verloren im Tumult und Wirrwarr dieser Stadt.
(…)

Sage Istanbul, und ein Stadion kommt in den Sinn,
Wo fünfundzwanzigtausend Stimmen unter der Sonne
Unsere Nationalhymne singen, unisono,
Und die Wolken abgefeuert werden wie Kanonenkugeln.
Geblendet von der fünfundzwanzigtausend Stimmen Stärke
Bin ich selbst erfreut über ihre Freude.
Will mein Herz herausreißen, der Mohnblume gleich.

Sage Istanbul, und ein Stadion kommt in den Sinn,
Wo mein Blut in den Adern meiner Mitmenschen strömt,
Schulter an Schulter schreien wir uns heiser,
Schwenken unsere Mütze:
Ist der Linksaußen nicht ein sicherer Schütze?
(…)

Sage Istanbul, und Yahya Kemal kam gewöhnlich in den Sinn,
Jetzt Orhan Veli, dessen Name auf meiner Zungenspitze tanzt,
Seine Stimmung und seine Aura, seine Zeilen und sein Gesicht
Schweben über uns wie eine verwundete Taube,
Die herabsteigt, um auf dem Gedicht zu thronen.
Weißt du nicht wo?
Schau nur her, du findest sie so!

Diese Stadt ist's, die um den Verstand dich bringt,
Von Orhan Velis Trinkglas bleibst du umringt …

Von besonderer sprachlicher Originalität und großer Subjektivität sind die Gedichte von EDIP CANSEVER (1928–1986), der versuchte, das Erbe des Garip mit einem echt lyrischen Ton zu verbinden. Im folgenden Gedicht verwendet Cansever das in der türkischen Poesie so beliebte Element des Refrains:

Der Beduine

Durch die verwüstete, dunkel-braune Stadt meiner Augen
Ziehen Kamele, weiß die Hälse, und ihre Treiber
Schauen unaufhörlich in die fernsten Fernen.
Als ob sie erneuen wollten ihren Blick.
Frag, ob sie sehen, was sie betrachten, und sei's als Märchen
In der verwüsteten, dunkelbraunen Stadt meiner Augen.

Dem Unbekannten entgegen, nicht Tag, nicht Tod,
Schauen sie bloß.
Ein Beduine steht unter den weißen Dornen
Die Götter die Sonnen die Fata Morganas
Nichteinmal ein Feuer, ein Samen, ein Gebet
In der verwüsteten, dunkelbraunen Stadt meiner Augen.

Vielleicht schaut er nach Wasser aus, zu löschen einen Durst.
Keinen Rastplatz gibt es für ihn, keine Ruh',
Nicht wird er hören die Kamele mit den weißen Hälsen,
Selbst wenn die Treiber sinken zu seinen Füßen hin,
Wie die kältesten Wüstenvögel noch einmal sterbend
In der eintönigen Farbe dieser Welt.

Cansever greift in diesen schwer zu entschlüsselnden Zeilen mit dem Beduinen und dem Rastplatz, den Kamelen und ihren Treibern, mit der ganzen Wüstenlandschaft Motive aus der uralten arabischen Beduinendichtung auf und wendet sie ins Moderne, Existenzialistische. So kehren Anfänge an das Ende zurück, Symbol des Lebens, das im Gedicht aufgehoben wird. Und ähnlich wie mit dem Leben verhält es sich mit der Kunst.

Noch viele Namen wären zu nennen, wollten wir versuchen, ein möglichst vollständiges Panorama der Dichtung in diesem Jahrhundert zu zeichnen. Ich denke an Poeten, die eine zeitlang ebenso durch ihren eigenständigen Ton wie durch ihre ideologische Fixiertheit Aufsehen erregten, wie A. KADIR (1917–1985), ein Dichter der marxistischen Linken. Noch ganz der Vorkriegsgeneration gehörte der jung verstorbene Lyriker KEMALETTIN KAMU (1901–1948) an, der durch sensible, melancholische, die Vergänglichkeit des Lebens thematisierende Verse auffiel:

Gurbet/Fremde

So bitter ist die Fremde,
Dass alles mir fremd ist,
Was in mir.
Alles in anderer Form.

Immer mehr vergehe ich,
Sage Adieu jeder Hoffnung;
Auch mein ganzes Selbstvertrauen
Hat mir die Fremde geraubt.

Kein Wunsch mehr, kein Ziel ...
Wie eine verwundete Hand bin ich.
Nicht ich bin in der Fremde,
Die Fremde ist in mir.

In die Epoche vor dem zweiten Weltkrieg reicht auch der Beginn des Ruhmes von ERCÜMENT BEHZAD LAV (1903–1984) zurück, eines Istanbuler Intellektuellen, der eigentlich Theatermann war, Regisseur und Schauspieler, aber seit seiner ersten Gedichtsammlung unter dem Titel »S.O.S.« als Vertreter eines Surrealismus auftrat. Seine Verse fehlen in keiner türkischen Anthologie. Das gilt auch für MEHMET BAŞARAN (geb. 1926) und viele andere, die sich entweder der einen oder anderen jener Dichterschulen zugehörig fühlten, die nach dem Zweiten Weltkrieg entstanden, oder zu ihnen Abstand hielten, um ihre Eigenständigkeit zu entwickeln und zu bewahren.

Offenkundig von Ezra Pounds »Cantos« und von Walt Whitmans »Leaves of Grass« beeinflusst sind die Dichtungen Turgut Uyars (s. Teil 1), lang ausschwingende, rhythmisch uneinheitliche, doch abwechslungsreiche Versperioden von großer Musikalität, Eindringlichkeit und Gestaltungskraft. Auch das »Waste Land« von T. S. Eliot wirkte bei Turgut Uyar, wie bei so vielen modernen türkischen Poeten, offenbar als Vorbild. »Und kamen die Schneider« ist der zunächst merkwürdig anmutende Titel eines längeren Poems, das für diesen Dichter charakteristisch geblieben ist.

Und kamen die Schneider. Mit Winkeln und Rissen,
   die großen zerbrochenen Sachen ähnelten,
mit dunklerer Farbe und weiteren Gliedern,
mit Winkeln und Rissen, die fürchten machen eine Stadt
   und schamrot.
Fabriken wurden gepflegt und die schlafenden Katzen
   getätschelt.
Dann die nicht endende Musik der Freudlosigkeit.
Spätnachmittags gingen manche aus, zum Tee, manche
   besuchten die Parks
Gewöhnung kürzte den Tag mit einer Trauer, die nicht
   wuchs noch verschwand.
Müde und fahl fanden sie die Fabriken und füllten
   die Stadt,
tragend hier die zehntausendjährigen Kränze
Nach dem Begräbnis ihrer Toten kamen in Mengen sie, ohne
   den Staub zu entfernen
verwaist waren plötzlich die Avenuen, jedermann
   verschwunden ...

.

Dritter Teil

Geschichte und Gestalten

Das Drama –
Ein Spätling der türkischen Literatur

Das Drama, die Tragödie vornehmlich, im antiken Griechenland geboren und im Abendland zu höchster Blüte und Ausdifferenzierung gelangt, ist eine dem islamischen Orient ursprünglich fremde Literatur-Gattung. Woran das liegt, ist schwer zu erklären. Möglicherweise hat eine populär gewordene, im Grunde so im Koran nicht enthaltene »Schicksalsgläubigkeit« (das berühmte »Kismet«, ein Wort, das in der theologischen Literatur des Islams allerdings kaum vorkommt) bewirkt, dass das Interesse an »Dramatis Personae«, an Menschen, die handeln, agieren, ihr Geschick selbst gestalten und daran scheitern oder Erfüllung finden, sich in Grenzen hielt. Doch auch diese Erklärung muss vordergründig bleiben, ist doch die philosophische Frage nach der »Willensfreiheit« des Menschen auch im Islam, ja schon im Koran ganz unterschiedlich beantwortet worden. Der Prophet Mohammed war kein Philosoph, der nach Widerspruchsfreiheit im Denken strebte. Im Koran finden sich Stellen, die den Eindruck erwecken, das Schicksal des Menschen sei streng determiniert, aber auch solche, die das Gegenteil besagen. Die Volksfrömmigkeit freilich hat über Jahrhunderte hinweg einen starken Schicksalsglauben (kader) kultiviert. Andererseits war es gerade die Verfallenheit des Menschen an schicksalhafte Mächte, an die Götter, an die Moira oder an die Erinnyen, die im antiken Drama eine geradezu konstitutive Rolle spielte. Warum hat also der »orientalische Mensch« keinen Aischylos oder Sophokles hervorgebracht?

Die Frage wird einstweilen wohl unbeantwortet bleiben müssen.

Als sicher kann jedenfalls gelten, dass die Türken, als sie noch nicht zum Islam übergetreten, sondern Anhänger des Schamanentums waren, eine Art Volkstheater kannten, das möglicherweise mit ihren religiösen Bräuchen im damaligen Mittelasien zusammenhing. Dabei spielten nicht nur Beschwörungsformeln, sondern auch Musik eine nicht unerhebliche Rolle. Der Schamanismus nahm die Welt der Töne sehr wichtig. Der Inhalt dieser Spiele war religiöser, oft animistischer Natur. Ein Mangel an Quellen macht es bis heute schwer, darüber gründliche Auskünfte zu erlangen.

Richtig bleibt indes, dass weder die klassische arabische noch die persische oder türkische Kultur aus sich heraus Dramen nach westlichem Verständnis hervorgebracht haben. Ihre Dichter interessierten sich offenkundig nicht dafür. Bekannt war allenfalls das religiös inspirierte Volkstheater (taziye) bei den Schiiten, ein populäres Passionsspiel, welches das Martyrium des Imams Hüseyin (Husain, Hossein) im Jahre 680 n. Chr. bei Kerbela nachspielte; dann das »orta oynu«, eine Art volkstümlicher Komödie, sowie das Karagöz, ein beliebtes Schattenspiel-Theater mit den beiden Protagonisten Karagöz und Hacivat, das am ehesten mit dem europäischen Kasperltheater verglichen werden könnte. Das Karagöz ist bis heute in der Türkei sehr beliebt und hat auch in den Fernsehprogrammen Einzug gehalten, wodurch es freilich verwässert worden ist. Versuche, es auf der Bühne wiederzubeleben, seine Prinzipien in die Dramaturgie von Stücken einzubauen, wie es zum Beispiel der Satiriker Aziz Nesin versuchte, sind nach der Auffassung mancher Kenner misslungen (so äußert sich etwa Yüksel Pazarkaya). Die »orta oynu« genannten Volksstücke werden von manchen als das türkische Gegenstück zur italienischen commedia dell'arte charakterisiert. Das Stegreifstück des Volkes ist, wie so vieles, das dem modernen Fortschritt zum Opfer fiel, Geschichte geworden und nur noch ein Objekt der wissenschaftlichen Begierde. Die Texte werden heute gesammelt, ediert und historisiert.

Das Theater europäischer Prägung fand nur hier und da einmal Eingang in die höfische Kultur am Sultanshof. So kam es unter Sultan SELIM III. (1789–1808), einem dem Westen gegenüber besonders aufgeschlossenen Herrscher, Ende des 18. Jahrhunderts zu Privataufführungen französischer Stücke in Konstantinopel. Der Sultan selbst hatte ein Faible für alles Französische. Zuvor hatten osmanische Würdenträger ab und zu die Gelegenheit gehabt, Stücke der französischen Klassik, von Corneille und Racine, in europäischen Gesandtschaften zu sehen. Doch auch italienische Theatergruppen ließen sich bisweilen im Osmanischen Reich sehen und boten dort Darstellungen ihrer theatralischen Kunst, besonders der populären commedia dell'arte. Umgekehrt drangen türkische Sujets in das italienische Theater ein. Dies galt umso mehr, je weniger bedrohlich sich die türkischen Heere auf europäischem Boden darstellten.

Die eigentliche Geburt des türkischen Dramas reicht in das neunzehnte Jahrhundert zurück, in jene Tanzimat-Ära, in der die Intellektuellen umfassende politische und gesellschaftliche Reformen forderten und der Sultan sie, teilweise auch unter dem Druck des Auslandes, verwirklichte – obschon häufiger auf dem Papier als in Wirklichkeit. So erscheint es nur konsequent, dass die ersten dramatischen Stücke zu einer Zeit entstanden, da man das Osmanische

Reich innerlich umgestalten wollte, als man nach einer Verfassung und anderen Elementen eines »modernen« Staates rief. Vor der Bewegung der eigentlichen Jungtürken (Jöntürkler) beherrschten die Jungen Osmanen (Genç Osmanlilar) das intellektuelle Leben der fortschrittlichen Kreise. Sie strebten eine Modernisierung des Reiches an und ließen sich dabei, bei voller Wahrung seines Charakters als einer islamischen Gesellschaft, auch von westlichen Vorstellungen leiten, die sie teilweise im Pariser Exil an Ort und Stelle studieren konnten. Ein osmanischer Patriotismus (vatanperverlik) sollte Dynamik und Aktivität erzeugen und das Reich aus seiner Lethargie erwecken. Hervorzuheben ist freilich, dass am Beginn des türkischen Theaterlebens Armenier eine wichtige Rolle spielten. Sie stellten, ebenso wie andere Angehörige der nicht-muslimischen Minderheiten des Reiches, für viele Jahrzehnte auch das Gros der Schauspieler, da es für Muslime zunächst verpönt war, sich öffentlich auf einer Bühne darzustellen.

Als erstes geschriebenes Stück nach westlichem Muster gilt traditionell der von dem einflussreichen Journalisten und Tanzimat-Autor IBRAHIM ŞINASI (1826–1871) verfasste Einakter »Die Heirat des Dichters«. Er entstand im Jahre 1858 oder 1856 und behandelt im kritischen Sinne das Thema der traditionellen Ehe, die nach alter Vätersitte von den Eltern und Anverwandten ausgehandelt und geschlossen wird.

Wichtigster Schriftsteller und Propagandist der modernistischen Ideologie auf osmanischer Grundlage war NAMIK KEMAL (siehe 1. Teil), der gefeierte Vorläufer der Jungtürken. Dieser 1840 in Tekirdağ am Marmara-Meer geborene Dichter kann als typischer Vertreter der Tanzimat-Intellektuellen gelten. Er erlebte Aufstieg und Fall, Erfolge und Verbannung (sürgün), und zwar innerhalb der Türkei wie außerhalb. Schon in seiner Jugend zeigte er besondere dichterische Begabung, studierte die alten Poeten und ließ sich von einigen Freunden und Verwandten in die poetischen Techniken des »Aruz« einweihen, das heißt in die Prosodie der osmanischen Hofdichtung, die auf arabischen Vorbildern beruhte. Wie fast alle Tanzimat-Dichter lernte er auch Arabisch und Persisch.

Für die Entwicklung des türkischen Dramas war sein im Frühjahr 1873 in Istanbul am armenisch geführten Güllü Agop-Gedik-Pascha-Theater inszeniertes Stück »Vatan yahut Silistre« (»Das Vaterland oder Silistra«) von großer Bedeutung. Es machte Skandal. Nach der Vorstellung verließ das Publikum, angeregt durch den patriotischen Inhalt des Dramas, begeistert das Theater und verlangte auf den Straßen und Plätzen nach Freiheit und Konstitution. Schon am folgenden Tag wurde der Dichter festgesetzt und von dem Herrscher, Sultan ABDÜLAZIZ (1861–1876), nach Zypern in die innertürkische Verbannung geschickt. Er verbrachte Jahre in Famagusta, wo er zwar nur eine milde Form des Hausarrestes zu bestehen hatte, jedoch kein »freier Bürger« war. Namık Kemal bekam damals schon zu spüren, dass sich der anfangs durchaus aufgeschlossene Sultan immer mehr von der Außenwelt abzukapseln begann und voller Misstrauen alle liberalen Regungen bekämpfte. Sein Nachfolger ABDÜLHAMIT II. (1876–1909) endete gar im persönlichen Verfolgungswahn. Der Dichter starb schon 1888, so dass er die schlimmsten Auswüchse unter diesem Herrscher, der schließlich 1909 von der jungtürkischen Revolution endgültig hinweggefegt wurde, nicht mehr erlebte.

Das ursprünglich wohl dreiaktige, heute vieraktige, fast nach den Kategorien des Aristoteles gebaute Drama »Das Vaterland oder Silistra« feiert den militärisch-patriotischen Behauptungswillen der Osmanen gegenüber dem übermächtig scheinenden russischen »Erbfeind«, wie er vor allem während des Krimkrieges 1855/56 zutage getreten war. Bei der Belagerung der Feste Silistra in Bulgarien leisteten die osmanischen Truppen den russischen Soldaten tapferen und verzweifelten Widerstand. »Patriotismus« und »Vaterland« waren Wörter, die damals unerhört neu waren in der Türkei, ein Export der europäischen Romantik, die unter dem Einfluss Johann Gottfried Herders den jeweiligen Volksgeist entdeckt hatte und für den modernen Nationen-Begriff prägend wurde. Namık Kemal war jedoch nicht – wie später Atatürk – türkischer, sondern osmanischer Patriot. Er identifizierte die durch Reform neu zu schaffende osmanische Nation mit dem Islam, aber auch mit modernen Rechten und Pflichten nach westlichem Vorbild, die er mit dem Islam, wie viele andere Intellektuelle der Tanzimat-Ära, für vereinbar hielt. Der osmanische Patriot sollte, gleichgültig ob Muslim, armenischer Christ oder Grieche, durch eine Verfassung garantierte gleiche Rechte besitzen. In seiner »Geschichte des Islams« (»Büyük Islam Tarihi«) ließ Kemal an seiner Prägung durch die islamische Religion ebenso wenig Zweifel wie an den Einflüssen aus Europa.

Als Dramatiker widmete er sich denn auch, wie viele seiner Nachfolger, Stoffen aus der islamischen Geschichte. Sie sollten Begeisterung wecken für die Größe der eigenen Vergangenheit und das Bestreben, diese Größe durch neue Anstrengungen wieder zu erringen. In »Das Vaterland oder Silistra« ist der historische Hintergrund geschickt, wenn auch für heutige Begriffe ein wenig theatralisch mit einer Liebesgeschichte verknüpft. Der Protagonist, der nicht zufällig Islam Bey heißt, und das Mädchen Zekiye (»die Kluge«) lieben sich, doch er muss in den Krieg nach Bulgarien. »Wer mich liebt, folgt mir«, sagt er zu Zekiye, die ihm ihre Liebe gestanden hat. Bei den Kämpfen wird er verwundet, doch in einem der Krankenpfleger im Lazarett, der Adem genannt wird, erkennt er Zekiye. Beide, Islam Bey und Zekiye (genannt »das Kind«), beteiligen sich als Freiwillige an einem Entlastungsangriff, bei dem Islam Bey abermals verwundet wird. Es stellt sich heraus, dass Zekiye die Tochter des Befehlshabers Sitki Bey ist, der seine Familie vor langer Zeit verlassen musste. In der Freude des Sieges heiraten Zekiye und Islam Bey.

Dieses berühmteste Stück Namik Kemals ist so ziemlich das einzige mit günstigem Ausgang. Sowohl das Drama »Zavalli Çocuk« (»Das elende Kind«) als auch »Gülnihal«, »Akif Bey« und »Kara Bela« (»Dunkles Geschick«) enden für die Helden tragisch. Sie werden ein Opfer der herrschenden Verhältnisse, vor allem einer rückwärts gewandten Moral, die besonders die Frauen trifft. Tragisch endet auch das zweite historische Drama Namik Kemals, »Celaleddin Harzemşah«, das sich mit Leben und Tod des letzten Herrschers von Choresmien in Mittelasien, Dschalaladdin, beschäftigt, der sich der Mongolen erwehren musste. Interessant ist in diesem Zusammenhang, dass Namik Kemal sein Augenmerk von der osmanischen Geschichte weg auf einen Gegenstand der türkisch-islamischen Geschichte Zentralasiens richtete.

Das Stück »Vatan yahut Silistre« jedenfalls endet in einer patriotischen Stimmung, in einem nationalen Pathos, das heute gewiss schwer erträglich scheint, aber aus dem zeitlichen Zusammenhang verstanden werden muss. Kemals Osmanismus und sein Vaterlands-Begriff wurden Vorbild für die spätere Lehre vom türkischen Nationalstaat, den Türkismus, dessen Apotheose auch noch heute zum festen Ritual vieler Literaten in der Türkei gehört. Man sieht den Patriotismus auf weite Strecken noch nicht (oder noch nicht ganz) mit den Augen des heutigen Westens. Sogar linke Autoren, von einigen Ausnahmen abgesehen, lassen sich von rechten in ihrem Patriotismus selten übertreffen.

Der wohl einflussreichste Dramatiker an der Wende von der osmanischen zur national-türkischen Epoche ist ABDÜLHAK HAMIT TARHAN (1852–1937). Er war Abkömmling einer aristokratischen Familie, die dichterisch gewissermaßen vorbelastet war. Sein Großvater EMIN EFENDI war ebenso Dichter wie seine Schwester ABDÜLHAK MIHRINISA HANIM (1864–1943). Über seine Mutter Münteha Nasib war Abdülhak Hamit tscherkessischer Herkunft. Abdülhak Hamits Leben und Schaffen hat große Ähnlichkeit mit Leben und Schaffen des großen französischen Dichters Paul Claudel (1864–1955), denn auch Abdülhak Hamit wurde Diplomat, erwarb dadurch eine große Weltläufigkeit und westliche Bildung, blieb trotzdem fest in seinem Glauben und in der islamischen Kultur verwurzelt. Er war ein »konservativer Modernist« und Romantiker.

Prägend wurde schon der Aufenthalt an der Botschaft in Paris, wo der junge schreibende Diplomat die großen französischen Klassiker Corneille, Racine und Molière las, dazu den damals modernen Victor Hugo und andere französische Schriftsteller. Die Begegnung mit Corneille und Racine blieb nicht ohne Einfluss auf die Gestaltung seiner eigenen Stücke. Frauen, Liebe und Tod sind die wichtigen Themen in Abdülhak Hamits Dramen, dazu – wie bei Namik Kemal – die Geschichte des Islam. Die späte Osmanen-Zeit war eine Epoche der islamischen Apologetik gegenüber Attacken der westlichen Intellektuellen, die, angeführt von dem Orientalisten und Philosophen Ernest Renan, behaupteten, der Islam sei zu einer Reform unfähig und werde über kurz oder lang als prägendes Phänomen aus der Geschichte verschwinden.

Abdülhak Hamits Dramen versuchen dies, sofern sie von historischen Ereignissen handeln, zu widerlegen. Wie Namik Kemal war er ein Vorkämpfer für die Einheit des Islam und vertrat folgende Thesen: Der Islam ist prinzipiell fortschrittlich. Er stützt sich auf Gleichheit, Gerechtigkeit, Freiheit, Liebe und Brüderlichkeit. Sein Ziel ist der Dienst an der Menschheit, er lehnt Grausamkeit und Unterdrückung ab. Es wäre nun verkehrt, in Abdülhak Bey einen grimmigen, rückwärts gewandten Fundamentalisten zu sehen (dieser Begriff war damals unbekannt), zumal der Dichter auch Modernist war und der Französischen Revolution keineswegs ablehnend gegenüber stand. Im Grunde vertrat er die für Nicht-Muslime heute schwer nachzuvollziehende Auffassung, dass ein recht verstandener Islam, dass die Scharia, als »islamische Lebensordnung und Kultur« interpretiert, den Idealen der Französischen Revolution nicht so fern stehe, wie man glaube. Dabei stellte Tarhan die egalitären und sozialen Elemente im Koran besonders in den Vordergrund seiner Betrachtungen. Doch auch als ausgesprochen laizistischen, in der Politik weltlich denkenden Geist hat man ihn dargestellt. So schreiben Sadi Irmak und Behçet Kemal Çağlar im Vorwort zu ihrer Ausgabe des Dramas »Tarik« aus dem Jahre 1960: »Kein Zweifel, der verewigte Hamit war ein wahrer Muslim, und wie jeder wahre Muslim war er an ein laizistisches Religionsverständnis (»laik bir din telakkisine«) gebunden. Schließlich war ja auch einer der größten Muslime, Sultan Mehmet Fatih, Laizist. Diese Auffassung nährte Hamits Bewunderung für Atatürk.« In einem Brief an den Freund Sezai aus Wien habe sich Hamit ausdrücklich zum weltlichen Charakter des türkischen Staates bekannt. Die Herausgeber dieses Bändchens sehen in Abdülhak Hamit den Vertreter eines islamischen Idealismus, als dessen Sprecher auch der Titelheld Tarik, der islamische Eroberer Andalusiens, auftritt. Sein weibliches Gegenstück ist Zehra, eine Figur, die der Dichter erfunden hat, im Unterschied zu den gleichfalls im Stück auftretenden Söhnen des Statthalters Musa Ibn Nusair, die geschichtliche Gestalten sind.

In historischen Dramen wie dem erwähnten Stück »Tarik yahut Endülüs Fethi« (»Tarik oder die Eroberung Andalusiens«) oder dessen Fortsetzung »Ibn-i Musa yahut Zat ül-Cemal« (»Ibn Musa oder Schönheit«) – um nur diese beiden zu nennen – feiert der Dichter die Größe islamischer Vergangenheit mit dem Ziel, an diese Grandeur wieder anzuknüpfen. Formal verwendet Abdülhak in einigen seiner Dramen den Paarreim, aber auch die Prosa, vor allem in den historischen Stücken. Auch in »Duhter-i Hindu« (»Die indische Tochter«) und »Sardanapal« widmete sich Abdülhak Hamit östlichen, historischen Stoffen.

Unter Federführung des Herausgebers INCI ENGINÜN (geb. 1940) ediert der Verlag Dergah Yayinlari zurzeit einen großen Teil der Texte Abdülhak Hamits neu. Bis zum Zeitpunkt der Fertigstellung dieses Manuskriptes waren drei Bände mit den Gedichten erschienen, zwei Bände Dramen, zwei Bände Briefe und die persönlichen Erinnerungen (»Hatiralar«) des Dichters. Wenigstens vier Bände mit Dramen sollen noch folgen, unter ihnen gerade die historischen.

Erst nach dem Entstehen der Türkischen Republik ist das massive Eindringen zeitgenössischer Formen des Theaters aus dem Westen zu beobachten. Der führende Kritiker und Historiker des türkischen Dramas, METIN AND, lässt das moderne Theater der Türkei mit den zwanziger Jahren beginnen. Vor allem Atatürk habe die große Bedeutung des Theaters für die Schaffung der Republik erkannt und das Theaterleben angeregt. Dazu beigetragen haben auch die vielen hundert »Volkshäuser« (halk evleri), die bis in die vierziger und fünfziger Jahre hinein in den Kleinstädten und Dörfern wie Pilze aus dem Boden schossen. Sie förderten Laienspielgruppen, die zum Teil westliche Vorbilder nachahmten, aber auch türkische Volksstücke zum Besten gaben. Man versuchte damit, an das Stehgreifspiel (orta oynu) anzuknüpfen.

Bis 1960 steht die dramatische Kunst der Türkei unter dem Vorzeichen der Suche. Einige der bedeutenden Prosa-Autoren und der Lyriker haben sich auch als Stückeschreiber versucht, so Yakup Kadri Karaosmanoğlu, AHMET KUTSI TECER (1901–1967) und, wie schon erwähnt, Nazim Hikmet. Dennoch sind einige Autoren hervorgetreten, deren Schwerpunkt das Theater ist, allen voran Haldun Taner. Metin And fasst die Summe dieser Versuche mit den Stichworten eines »Pseudo-Symbolismus« und »psychologischen Realismus« zusammen. Erst nach dem ersten Militärputsch 1960, vor allem jedoch nach der liberalen Verfassung des Jahres 1961 hätten die dramatischen Autoren der Türkei begonnen, sich besonders Aufsehen erregenden, weil für die Gesellschaft provokanten Themen zu stellen.

Die Suche des türkischen Theaters nach sich selbst, nach Vorbildern und Strukturen, ist untrennbar mit dem Namen des bedeutenden Schauspielers und Regisseurs MUHSIN ERTUĞRUL (1892–1979) verbunden. Seine Theaterpraxis seit den zwanziger Jahren, die Heranbildung von Schauspielern, aber auch die Auswahl westlicher und türkischer Stücke waren richtungweisend. Er ist der Stanislawskij der Türken. Wie in so vielen nationalen Literaturen wurde auch in der Türkei Shakespeare zu einer Art Erwecker-Persönlichkeit. Ertuğrul war Shakespeare-Anhänger und brachte dessen Stücke auf die Bühne, wann immer er konnte. Diese seine Vorliebe war freilich nicht unumstritten, denn es gab auch Stimmen, die ihm eine Shakespeare-Manie vorwarfen und verlangten, dass man mehr französische Autoren aufführe. Doch vor allem »Hamlet« hatte es Muhsin Ertuğrul angetan. In diesem Stück spielte er oft Hauptrollen. Er förderte auch die ersten türkischen Schauspielerinnen, denn bis dahin waren fast nur Ausländerinnen an den Theatern der Hauptstadt tätig gewesen. Es war nicht einfach für »altgläubige« muslimische Familien, ihre Töchter einen solchen

Beruf, der ein Sich-Einlassen auf Öffentlichkeit verlangte, ausüben zu lassen. Heute herrscht an Nachwuchsschauspielern gewiss kein Mangel mehr, was auch mit dem Fernsehen und seiner ungeheuren Popularität im Lande zusammenhängen mag. Über die erste muslimische Schauspielerin der Türkei, Afife Jale (1902–1941), ist vor einigen Jahren ein Theaterstück geschrieben worden, das dieser Pionierin der Schauspielkunst gedachte. Muhsin Ertuğrul hatte bei Aufenthalten in Frankreich, Deutschland und in der Sowjetunion die bekanntesten und schöpferischsten Regisseure der Zeit kennen gelernt, deren Art der Regieführung somit indirekt auch in der Türkei Eingang fand. Unter Ertuğrul wurde das während des Ersten Weltkrieges in Istanbul gegründete staatliche Konservatorium (»Darülbedayi«) zum wichtigsten Theater des Landes ausgebaut. Es wurde zur Keimzelle der Theater in Ankara und anderen großen Städten überhaupt.

Der mit Abstand beliebteste westliche Klassiker in der Türkei ist jedoch nicht Shakespeare, sondern Molière. Zu verdanken ist dies nicht nur seinem Sprachwitz, seiner Eleganz und seiner kritisch-aufklärerischen, komödiantischen Sicht der Menschen, sondern vor allem Ertuğruls Vorgänger AHMET VEFIK PAŞA (1823–1891), der als Übersetzer der Stücke Molières hervortrat und diese auch inszenierte. Erstaunlich daran ist, dass solche Theaterarbeit nicht in der Hauptstadt geschah, sondern in Bursa, das damals als tiefste Provinz galt, offenbar zu Unrecht. Ahmet Vefik Paşa war dort Gouverneur.

Das zeitgenössische Theaterleben wird noch immer weitgehend von westlichen Stücken bestimmt, wenn auch etwas weniger als auf dem Felde der Oper. Doch hat die Türkei in den vergangenen Jahrzehnten namhafte Dramatiker hervorgebracht, die gelegentlich – wie Haldun Taner (siehe 1. Teil, »Die Ballade von Ali aus Keschan«) – auch über die Grenzen des eigenen Landes hinausgriffen. Zu ihnen gehört ORHAN ASENA, ein 1922 in Diyarbakir geborener Arzt, der vor allem als Schöpfer historischer Stücke bekannt geworden ist. So thematisiert er in »Hürrem Sultan« die Zeit des Sultans Süleyman des Prächtigen, das heißt das 16. Jahrhundert, in modernem Kontext; »Heldin« des Stückes ist dessen Gemahlin Roxelana, die in der türkischen Geschichte den Beinamen »Churrem« (»die Lachende«) erhielt.

Ein Autor historischer Dramen ist auch GÜNGÖR DILMEN (geb. 1930) mit seiner zwischen Anfang der sechziger Jahre, als das türkische Theater kurzfristig zu blühen begann, und 1975 entstandenen Trilogie um den König Midas. In dem Stück »Ittihat ve Terakki« (»Einheit und Fortschritt«) gestaltete Dilmen jene historische Epoche, die als Abgesang des Osmanischen Reiches bezeichnet werden kann, das heißt die Zeit der zweiten konstitutionellen Bewegung nach der Jahrhundertwende.

Vor allem auf dezidiert linke Autoren hat das Vorbild Bertolt Brechts großen Einfluss ausgeübt. Das von ihm geschaffene Epische Theater mit seiner gesellschaftskritischen, eben aus epischer Distanz belehrenden Art und Weise beeindruckte den Dramatiker VASIF ÖNGEREN (1938–1984) und die Dramatikerin BILGESU ERENUS (geb. 1943). In ihren Stücken werden die Beziehungen zwischen den Menschen auf dem Hintergrund ihrer jeweiligen gesellschaftlichen Stellung zum Thema. Immer mehr entdeckt werden die im Moskauer Exil geschaffenen Stücke Nazim Hikmets, neben den ohnehin schon bekannten »historischen« Stoffen aus seiner Feder wie »Die Legende von der Liebe« (»Ferhat ile Şirin«) oder »Joseph in Ägypten«. Weitere führende »playwrights« sind TURGUT ÖZAKMAN (geb. 1930), RECEP BILGINER (geb. 1922) sowie ÇETIN ALTAN (geb. 1926).

In der modernen Türkei hat das Theater mit denselben Schwierigkeiten zu kämpfen wie in anderen Ländern auch: Kino und vor allem Fernsehen, das in den vergangenen Jahren mit der Schaffung zahlreicher Privatkanäle umfangreich ausgebaut worden ist, lähmen das Interesse an dieser Kunst oder verdrängen es auf den Bildschirm und die Leinwand. Hinzu kommen die politischen Verhältnisse, die nach wie vor zur Klage Anlass geben. Die Entwicklung seit den Eingriffen des Militärs im Jahre 1971 und danach 1980 macht deutlich, dass die Türkei zwar die formalen Voraussetzungen, als Demokratie zu gelten, erfüllt, dass es sich jedoch um eine »Demokratie alla Turca« handelt, die immer wieder gegen Autoren und Stücke Zensur verhängt. Dies gilt vor allem bei allen Konflikten, die ethnischer Natur sind und von der offiziellen Staatslehre als »nicht existent« bezeichnet werden. Auch die wieder zunehmende Islamisierung des öffentlichen Lebens lässt daran zweifeln, dass ein lebendiges, wirklich schöpferisches und damit Neues provozierendes Theaterleben auf längere Frist aufrechterhalten werden kann. Zur Zensur gegen Links und Rechts könnte indessen bald auch die Zensur wegen Verletzungen der Religion kommen.

Doch die türkischen Autoren werden nicht nachlassen in ihrem

Bemühen, Demokratie und Zivilgesellschaft in ihrem Land gegen solche überhand nehmenden gesellschaftlichen Strömungen zu fördern und zu verteidigen.

Schade ist, dass das Schaffen türkischer Dramatiker bei ihren westlichen Schriftsteller-Kollegen wie bei den Theaterpraktikern und Kritikern so wenig Resonanz findet. Gewisse Erfolge, welche die türkische Prosa und Lyrik in Europa zu verzeichnen haben (und seien sie auch noch so bescheiden), sind dem Drama bis jetzt versagt geblieben. Es ist bezeichnend, dass nicht einer der bekannten deutschsprachigen Schauspielführer auch nur auf die Existenz türkischer (oder anderer orientalischer) Dramatiker eingeht. Dies ist auch dann der Fall, wenn die Autoren schon mit Werken auf europäischen Bühnen präsent gewesen sind, wie im Falle Nazim Hikmets oder Haldun Taners. Schwer verständlich ist auch, dass die aktiven Theatermacher in Deutschland sich so wenig um die Erweiterung des Repertoires in dieser Richtung bemühen, wobei der Mangel an übersetzten Stücken sicher stärker zu Buche schlagen mag, als das bloße Desinteresse der Beteiligten.

Bibliographische Angaben

In türkischer Sprache

Alangu, Tahir: Cumhuriyetten sonra hikâye ve roman, 3. basim, Istanbul 1965

And, Metin: 50 yilin Türk tiyatrosu, 2. basim, Istanbul 1973

And, Metin: Cumhuriyet dönemi Türk tiyatrosu, Ankara 1983

And, Metin: Meşrutiyet döneminde Türk tiyatrosu, 1908–1923, Ankara 1971

Bezirci, Asim: 1950 sonrasinda hikâyecilerimiz, Istanbul 1980

Bezirci, Asim: Abdülhak Hamit, 4. basim, Istanbul 1991

Gökalp, Ziya: Türkçülüğün esaslari (Millî eğitim bakanliği yayinlari), Istanbul 1990

Gölpinarli, Abdülbaki: Tasavvuf şairleri antolojisi, Istanbul 1971

Kabakli, Ahmet: Türk edebiyati tarihi, 4 cilt, Istanbul

Kemal, Namik: Vatan yahut Silistre, hazirlayan Şemsettin Kutlu, 4. basim, Ankara 1996

Kocatürk, Mahir Vasfi: Türk edebiyat tarihi, Istanbul 1964

Köprülü, Mehmet Fuad: Türk edebiyati tarihi, Istanbul 1982

Kudret, Cevdet: Edebiyatimizda hikâye ve roman, Istanbul 1979

Kuradkul, Şükran: Namik Kemal, 2. basim, Istanbul 1991

Mutluay, Rauf: 50 yilin Türk edebiyati, 3. basim, Istanbul 1976

Nayir, Nabi Yaşar: Başlangicindan bugüne Türk şiiri 100 şair, Istanbul 1968

Necatigil, Behçet: Edebiyatimizda isimler sözlüğü, 14. basim, Istanbul 1991

Necatigil, Behçet: Edebiyatimizda eserler sözlüğü, Istanbul 1979

Özkirimli, Attila: Türk edebiyati ansiklopedisi, 4 cilt, Istanbul 1983

Türk nesir antolojisi, Varlik yayinlari, Istanbul

Türk hikâye antolojisi, varlik yayinlari, Istanbul

Yeni Türk edebiyati antolojisi, Istanbul 1982

In europäischen Sprachen

And, Metin: Karagöz. Turkish Shadow Theatre, Ankara 1975

Bombaci, A./Melikoff, I.: Histoire de la littérature turque, Paris 1968 (Übersetzung aus dem Italienischen)

Gibb, E.J.W.: History of Ottoman Poetry, 6 Bände (Neuauflage, behandelt nur osmanische Dichter)

Halman, T. S.: Modern Turkish drama, Minneapolis 1976

Halman, T. S.: Contemporary Turkish Literature. Fiction and Poetry, London, Toronto 1982

Halman, T. S.: Süleyman The Magnificent. Poet, Istanbul 1987

Hartmann, Martin: Dichter der neuen Türkei, Berlin 1919

Kappert, Petra: Türkische Literatur, in: Südosteuropa-Handbuch, Band IV, Türkei, S. 621–49. (Eine hervorragende Zusammenfassung der wichtigsten Schulen auf den Feldern Prosa und Poesie)

Köprülü, Mehmet Fuad: Türkische Literatur, in: Enzyklopädie des Islam, alte Ausgabe, Band 4, Artikel Türken

Kreutel, R. F.: Osmanisch-Türkische Chrestomathie, Wiesbaden 1965 (hervorragend geeignet als Einführung in die Lektüre klassischer osmanischer Texte vom 16. Jahrhundert bis zur Schwelle der Reformen)

Marschke, Britta: Die Schriftstellerin Fatma Aliye (1862–1936) – eine osmanische Modernistin?, in: Zeitschrift für Türkeistudien 2/97, S. 155–192

Pazarkaya, Yüksel: Rosen im Frost. Einblicke in die türkische Kultur, Zürich 1989 (für jeden unerlässlich, der tiefer in Mentalität, Lebensgefühl und Weltwahrnehmung der Türken, also in die Grundlagen ihrer Kultur im weitesten Sinne eindringen möchte)

Pazarkaya, Yüksel: Moderne Türkische Lyrik, Tübingen/Basel 1971

Schimmel, Annemarie: Aus dem Goldenen Becher. Türkische Gedichte aus sieben Jahrhunderten, Köln 1993

Schimmel, Annemarie: Wanderungen mit Yunus Emre, Köln 1990 (eine mehr belletristische Deutung von Leben und Werk des großen Sufi-Dichters)

Spies, Otto: Die türkische Prosaliteratur der Gegenwart, in: Die Welt des Islams 25, (1943), 1–3

Spuler, C. U.: Das türkische Drama der Gegenwart. Eine literarhistorische Studie, in: Die Welt des Islams N.S. 11 (1968) 1–4

Anthologien und Sammelwerke, zweisprachig oder Deutsch

Brands, H. Wilfred (Hrsg.): Die Pforte des Glücks. Die Türkei in Erzählungen der besten zeitgenössischen Autoren (2. erweiterte Auflage), Tübingen

Çağdaş Türk Öyküleri/Zeitgenössische türkische Erzählungen, ausgewählt und übersetzt von Wolfgang Riemann, München 1992 (dtv zweisprachig)

Freund, Jutta (Hrsg.): Die Türkei erzählt, Frankfurt am Main, 1992

Gräf, Bernd u. Jutta (Hrsg.): Der Romanführer, Band XXIV, Stuttgart 1991, S. 23–117 (Dieses Werk enthält fast alle bis zum Erscheinungsdatum in die deutsche Sprache übersetzten Romane und Erzählungen, die greifbar sind)

Hoş Geldin/Die Türkei in kleinen Geschichten, erzählt von Celal Özcan, München 1994 (dtv zweisprachig)

Kappert, Petra (Hrsg.): Türkische Erzählungen des 20. Jahrhunderts, Hamburg 1993

Modern Türk Klasikler. Öyküler/Moderne türkische Klassiker. Erzählungen, ausgewählt und übersetzt von Wolfgang Riemann, München 1994 (dtv zweisprachig)

Pazarkaya, Yüksel: Die Wasser sind weiser als wir. Türkische Gedichte zweisprachig

Pazarkaya, Y./Dal G.(Hrsg.): Geschichten aus der Geschichte der Türkei, Berlin 1990

Wörle, Andrea: Türkische Erzählungen, München 1989